U0850998

BE A FINANCIAL
PLANNER OF YOURSELF

做自己的理财师

孙明展 著

南方日报出版社
NANFANG DAILY PRESS
中国·广州

图书在版编目（CIP）数据

做自己的理财师 / 孙明展著. -- 广州 : 南方日报出版社, 2021.9（2021.12重印）

ISBN 978-7-5491-1641-6

Ⅰ. ①做… Ⅱ. ①孙… Ⅲ. ①私人投资－基本知识Ⅳ. ①F830.59

中国版本图书馆CIP数据核字(2017)第183226号

ZUO ZIJI DE LICAI SHI

做自己的理财师

著　　者：孙明展
出版发行：南方日报出版社
地　　址：广州市广州大道中289号
出 版 人：周山丹
责任编辑：张　高
装帧设计：陈华辉　梁春薇
责任技编：王　兰
责任校对：肖　颖
经　　销：全国新华书店
印　　刷：广州市岭美文化科技有限公司
开　　本：787mm×1092mm　1/16
印　　张：13.5
字　　数：150千字
版　　次：2021年9月第1版
印　　次：2021年12月第2次印刷
定　　价：68.00元

投稿热线：（020）87360640　　读者热线：（020）87363865

发现印装质量问题，影响阅读，请与承印厂联系调换。

序言 Preface

学会理性思考，让生活不再盲目

2013 年 3 月 13 日，“孙明展”公众号诞生。

理财自媒体是一个有趣的尝试，通过微信，我将理念与陌生时空中的朋友交流，这些理念曾经在 10 年前被业内精英诟病，认为这样的“慢生意”不值得做。

当时，为什么我会选择理财教育作为我的终身事业？因为我看到了中产阶级理财意识的普遍缺乏，时代的飞速发展让人们陷入普遍焦虑，而对金钱缺乏认识又使他们极易被诱惑，从而让家庭财务陷入困境。

2007年，经历股市狂飙突进后大跌

我开始思考理财的真正意义

2007年，中国资本市场发生了一件大事。

10月14日，上证综指有史以来第一次飙升到了6124点，这一天，是未来灾难的起点。18个月之后，中国A股跌至1600点。2005年6月上证指数从底部998点，爬升到2007年10月的6124点，花了28个月。998点的前几年，是中国资本市场最难熬的一段时间。中国资本市场的诱惑与风险，几年间展现得淋漓尽致。

我2003年进入荷兰国际集团（简称ING），成为保险公司的一名精算专员。ING是当时世界500强中排第九的企业。2003年，熊市，我亲眼见证了资本市场如何狂飙突进。

2006年，有史以来第一次股票型基金销售的大牛市开启，此前中国人根本就不知道什么叫基金。随着资本市场上扬，股票型基金被疯狂销售。

到了2007年8月，ING跟随其他公司的步伐，在中国市场推出投资连结保险（简称“投连险”）。那一年，几乎所有金融机构的所有客户，都疯狂追逐投连险。投连险，就是用客户保费中的绝大部分去购买跟资本市场挂钩的基金。

我一边做精算，一边分管业务线。那一年公司业绩特别好。28岁，我过上了有车有房的生活。

紧接着2008年，股市大跌。当年很多客户将50万、100万的资金砸在了投连险中。短短十几个月，客户的资产打了二五折。

此时的金融机构却开始疯狂推荐保本保息产品，货币基金和债券基金开始成为主销产品；银行系理财产品开始大行其道，产品数量一年翻了四倍。

保险公司推出分红保险——保本保息、高保费、无保障、高现金价值，有固定分红和定期返还。这些产品持续大卖。

这时，我对一个问题非常困惑：

如果金融机构在股市最高点的时候让大家买股票，结果市值打了二五折；在股市最低点时，又让大家买保本保息的类似于定存的产品，这样的理财模式可能让客户理财成功吗？如果金融市场所有的从业者都如此趋利，怎么可能带给客户真正的财务自由呢？

为了解惑，我去考了 CFP（Certified Financial Planner），中文名叫“注册理财规划师”。难道 Planner（规划师）就是在资本市场最贪婪的时候，让你更贪婪；在资本市场最低迷的时候，再次利用每个客户的恐惧卖产品吗？

2009 年，第一次接触独立理财行业
依然没有找到答案

2009 年，一个猎头给我电话，说中国香港某间独立理财顾问（公司）——这个行业英文简写叫 IFA（Independent Financial Advisor）——要在内地招一名首席代表。

我就辞职去了香港。

没想到在香港，所见比内地更惨：

香港每间银行旁边，都有一大堆敲锣打鼓，戴着布条的讨债苦主，布条上写着“还我血汗钱”“骗子银行”“老千银行”。这些都是雷曼迷你债的苦主，年龄平均在 65 岁以上，他们辛苦积攒的养老金投资到雷曼迷你债后，瞬间灰飞烟灭。

跟雷曼迷你债并称的还有另外一个金融产品，叫累式期权。累式期权，简单理解就是你投资 1000 万元，一年之后可能倒欠银行 1000 万元。

当时，所有我听说过的和我所向往的中国香港或者新加坡的知名金融

机构，全都在做这个生意，汇丰、星展、东亚、花旗、渣打银行，他们直接打电话给内地富豪，以打折股票为名，兜售“累式期权”。实际上他们是利用了信息不对称，对极危险的衍生品进行疯狂销售。

我开始研究 IFA 的运作体系。如果按标准给客户做理财规划，以 100 分算满分评价，银行、保险、证券、基金的销售人员，最多只有 30 分。即便是 IFA，评分也顶多 60 分，达不到我的理想。

2010 年，31 岁的我辞职创业，从个体户的单打独斗开始。

我在广州珠江新城租了一个 80 平方米的公寓，开始给过去的老朋友打电话，说我现在自己做理财规划，你们过来做小白鼠吧。

从个体户起步，在几个朋友的撺掇下，2011 年 1 月 15 日，“创必承”公司就这么成立了（谱蓝的母公司）。

我是保险行业出身，非常了解理财金融产品分销体系中拉人头搭建团队的模式，但心里并不认同。这个模式下，在庞大的金融产品销售体系中，很难标准化每一个顾问的服务质量，也很难确保TA不成为金融“医药代表”。

从我创业开始，我就在思考金融产品如何直接到达个人消费者的信息传输模式。我们自己招募理财规划师，重新培养，艰难地利用线下教育积累了第一批客户。从 2011 年开始，认认真真地做理财规划服务，我们可能是全国最早“吃螃蟹”的人了，直到现在，谱蓝一直被认为是理财规划界的“黄埔军校”。

2013 年，我开了微信公众号，初衷很简单，公司驻点广州，能接触到我们理财规划理念的人不多，我希望借助互联网手段，让更多人了解“什么才是真正的理财”。

2013 年 3 月 13 日，我发表了第一篇文章《什么是真理财》，以一个中产阶级家庭——毕先生家庭为例，给大家介绍我心目中真正的“理财规划”服务。

所谓理财规划，就是确保自己的理财目标一定能够实现的过程。回到现实，一个IT专业毕业的毕先生，有可能自己完成上面的研究过程吗？这仅仅是孩子教育一方面的目标，如果囊括生活方方面面的目标，如购房、医疗、养老等，那将是一个多么复杂的研究过程。

理财规划师就是帮你完成如此复杂过程的专业人士。因为他们有庞大的数据库，帮你厘清目标；他有丰富的金融知识为你量身定制资产配置和保障组合；他能帮你长期监控你理财计划的执行情况，助你达成最终的目标。

这个过程就如同私人医生对你进行健康管理一样，你当然希望那是一个独立客观公正的家庭私人医生，而不是一个药厂的医药代表。这就是独立理财顾问区别于传统金融机构的理财经理的地方。虽然仍然要吃药，但能保证你不会吃错药，多吃药。

坦白说，一个正常运转的成长中家庭，没有人教育他们，他们并不觉得自己的财务状况不健康，只是觉得莫名焦虑。只有那些看到我们的文章，或是在线上线下听了我们的课后，触动到心里那根弦的人，才会来找我们。这个过程恰恰是难能可贵的理财教育过程。从识别理财的“坑”入手，往往能快速获得共鸣。

第二篇文章，我就开始着手在公众号上教大家如何买保险。

“孙明展”公众号上的前两篇文章

一连推出几篇后，我的朋友“艾德叔叔”公众号把我的几篇关于保险科普的文章聚合在一起，于 2014 年 3 月 25 日以《北美精算师教你如何给孩子买保险》为题发表。当时我也没想到，这篇文章似乎吹响了互联网保险在自媒体上的第一声号角。过了几年后，它被各个保险自媒体广泛“模仿”、传播、变形，这也是值得我骄傲的地方，起码自己对保险普及做出一点点贡献了。

从 2013 年至今，八年过去，我的同名公众号已经积累了几千篇原创文章，而我的初心未变，只做一件事情——理财规划。

我身边的环境也在变化。互联网理财这个行业，成为资本追逐的对象，充斥着短期主义、极端主义和虚无主义的倾向，号召人相信一夜暴富，三年财富自由。

列表一拉，就会选基金，此谓短期主义；让大家极端比价，倒逼保险公司不断逼近成本价位，极端追求当下的享受和超前消费，此谓极端主义；号召大家“躺平”，用泛内卷化思潮来否定社会发展的趋势，此谓虚无主义。这三种杂音，似乎更符合人性，更容易让我们瞬间沉沦。

理财要想成功，恰恰是长期主义、规划思维、积极心态的完美结合，不追求一夜暴富，但要平衡中庸，既有当下，又有长远，还要对未来充满期待，相信只要努力，明天一定会比今天幸福，下一代一定会比我们的生活更加多彩。

本书是 2013 年以来，我对理财教育的思考。理财即生活，当你学会去理性思考理财，生活就不再盲目；当你能用理财规划的方法，将焦虑具象化，你就能摆脱焦虑。希望这本书，能让大家在纷繁复杂的现实和互联网世界中，重新找到真实的自我。

孙明展

首发于　2017 年 5 月 24 日

修改于　2021 年 7 月 27 日

目录

Contents

第二章

理财基石：家庭保障 35

第三章

第一章

理财规划：焦虑的良药

1　没有这三种思维，买多少产品都没用

2　“深圳热帖”背后的中产阶级迷思

3　想为远方放手一搏，却怕连苟且都输光

4　找出人生的“大石头”

5　年轻人的新“四座大山”

6　理财只是有钱人的事？

7　学财商课就财务自由了？

1 没有这三种思维，买多少产品都没用

做理财这么多年，我遇过各种客户，看过各色故事，生活远比电视剧精彩得多。

有赚过大钱又跌入谷底的；

有做过生意风生水起又归于平淡的；

有高级知识分子被诈骗几百万的；

有理财师自己陷入 P2P[1] 困境的；

还有一直看起来波澜不惊平平稳稳、日子越过越好的；

也不乏一直在自己想摆脱的生活方式中难以自拔，始终经济困顿的

…………

1　英文 peer to peer lending 的缩写，又称点对点网络借款，是一种将小额资金聚集起来借贷给有资金需求人群的一种民间小额借贷模式，属于互联网金融产品的一种。2018 年后，P2P 产品频繁爆雷，其后由于国家整顿，P2P 网贷机构从高峰时期的约 5000 家，到 2020 年 11 月完全归零。

很多人问我，怎么样才能管理好自己的财务，成败的关键究竟是什么？

是有一个好的家境？

是有高智商？是有高情商？

是学了一堆金融专业知识？

还是有很强的投资能力？

据我的观察，它既不取决于专业知识，也不取决于投资能力，而是取决于一种根植于人心中的生活方式和哲学。以下三个思维方式，对理财成功，影响最为突出：

长期主义

规划思维

积极心态

是不是做了长期理财规划，就一定拥有这三种思维呢？未必。

有的朋友，做规划时很兴奋，觉得自己可以坚持。只要一有风吹草动，内心就动摇：

别人买的 P2P 回报很高；谁谁靠炒房炒股又大赚了一笔；某某理财产品，每年保证 8%—10% 的收益哦；哎呀，我们的配置最近几天又跌了，怎么办?！还是不要坚持了吧。

当周围不断有声音传来，动摇几乎是必然的。我坚持长期规划，不如人家一夜暴富。试问有多少人能够抵御诱惑？

所以我必须反复强调这三种思维的重要性。

◆ 长期主义

在金融尤其是个人金融领域，善恶分明，特别容易分辨——长则为善，短则为恶；慢则为善，快则为恶。

细品任何一种个人金融领域骗局，无不与宣扬“短平快”有关，比如一年之内超高收益，比如能瞬间暴富的融资融券，比如各种让人倾家荡产的衍生产品……

但凡宣扬慢的、耗时较长的投资，就更倾向于善。比如全球化资产配置，它可能很慢，但可以让人远离你输我赢的零和博弈，实现你的长期目标。

善的观念为什么难以推广？因为潜意识中，每个人都想“一夜暴富”。

◆ 规划思维

规划思维，跟长期主义有密切关系。

某知识付费大 V 曾多次提到一个观点：现代社会不需要规划，因为变化太快。做规划就是在给人生设限，限制了自由，限制了各种可能性。

这是对规划思维的根本性误读。

我用《人类简史》[1] 的观点来反驳：

原始人时代不需要规划，因为每一个人都活在食物短缺的生死边缘，任何规划都显得十分可笑。

---

1 《人类简史：从动物到上帝》.[以]尤瓦尔·赫拉利.译者：林俊宏.中信出版社,2017.3.

当人类进入农业社会，只是社会生产力向前迈进了一小步而已，规划就显得极为重要了。没有规划就不可能发展农业、畜牧业，一个没有规划的人可能会把留下来做种子的粮食都吃掉，以后靠什么种地呢？

人类如此弱小的物种，能在动物界中脱颖而出成为地球霸主，恐怕也是因为规划。

假设一头狮子也懂规划，不把自己抓到的羊吃掉，而是有计划地圈养猎物让羊繁衍，估计狮子早就统治世界了。

人类文明本身就是因规划思维而生发。

说社会变化快就不需要规划思维，其实是没有搞清楚自由的相对性。

合理的规划并不是限制自由，而是为实现自由打下扎实的基础。

的确，在现代社会中，我们要应对突如其来的目标变化，可是有些重要的事情不会改变，如生存、教育、养老，不会因为时代变化而不被关注。

我们把这些重要的事情作为底线目标，结合长期主义予以规划，剩下的资源就是可以自由发挥的空间。没有底线目标做人生的基础，自由恐怕会变成“自杀”。

以运营一家公司来类比：

在现在市场环境千变万化的情况下，无论哪家公司都会把保持长期财务稳健作为运营底线目标，以此做财务规划，甚至为了保持长期稳健，会更注重加强规划，留出空间应对变化。

没有哪间经营得很好的公司，会因为现在市场变化快，就决定放弃规划，走一步看一步。

人生规划也是同理。

◆ 积极心态

我要强调积极心态，也是因为现在网上有一种思潮叫“放下”，做生活现状的超脱者，如在育儿领域的快乐教育，职场领域的佛系青年……各种宣扬“躺平”的鸡汤文往往出爆款，说明这套价值观特别能打动人，尤其是在现实中拼得头破血流的中年人。

从个人价值观来说，“放下”本身并无不妥，我们应该尊重每一个人的个人选择。

我们也必须理性看到，如果全社会都“佛系”“躺平”，遇到问题就按暂停键或者就地躺倒，从社会发展的角度是不可能的。这必然意味着倒退，发展中的问题只能通过发展解决。

在这种情况下，如果个人选择了“放下”，面对的就是未来有可能自己的生活会远远被时代抛离，未来孩子上大学的钱拿不出，父母治病的钱付不起，自己退休时还成为孩子的负累。只要个人能面对这个“放下”的后果，不寄望于全社会来养你，完全可以选择“放下”的生活方式。

如果不能接受，就得改换一种对人生积极的态度，及时自我归因，从自我身上找原因，以积极的态度去面对并解决问题。

当然，无论是长期主义、规划思维还是积极心态，显然都不是我们每个人与生俱来的底层思维，需要不断学习、不断反思、不断调整。

2020 年 10 月 22 日

2 “深圳热帖”背后的中产阶级迷思

2017 年 2 月，很多人都被一篇热帖刷屏了——《两套房贷，两个孩子，38 岁被迫辞职入不敷出怎么办？》

人到中年，深圳、房价、二孩……这篇网文几乎覆盖了人到中年焦虑的所有“关键词”。

网友们慨叹，人到中年不易，人如蝼蚁卑微。

原文如下：

我 2001 年本科毕业，工作一两年后读了研究生，然后到深圳某知名通信公司工作，到现在将近十年。老婆和我都是农村出身，家里没钱支持，2010 年辛辛苦苦攒点钱在坂田买了套二手房，当时大概是 120 万元，每个月房贷 6000 元。2011 年生了个儿子。

2016 年，政策放开，我们响应国家号召，又生了一个女儿，因为我经常出差，还在国外研究所待过一两年，家里父母孩子没人照顾，老婆不得不辞职照顾家。

2015年底，深圳房价大涨，手里正好有小几十万元余款，考虑到孩子以后要上学，大家也认为房价有国家托着，只会涨不会跌，又在关内买了套五六十平米的学位房，总价300多万元。首付不够，第一套房找人抵押弄了70万元，凑在一起付了首付，贷款260万元，月供17000元。70万元的抵押贷一个月也要七八千元。

全家只有我一个人在挣钱，拿到手的工资两万多元，不包括奖金和分红，因为两套房贷加上抵押贷就要三万元，奖金就用来补贴家用，日子过得紧巴巴。但一想到自己在深圳有两套房，心里也会安慰很多。一般分红大部分用来购买股票了，现在持有十几万元的股票。

前段时间公司要安排出国，当时考虑家庭条件去不了，后来HR（人力资源）就找我谈话希望我主动离职，看样子不离也很难，公司总有理由让你离职，不行打个C就末位淘汰了。

与其闹来闹去地离职，不如舒舒服服地好聚好散，而且至今也没发现谁闹了就能不离职的。其实我绩效还是不错的，也得过多次A，因为我深知，农村出来的孩子，不努力就更没出路，我能走到今天，是公司给我们创造的机会。

最近也在网上投过简历，我们这三十大几的年纪，一般出去做不了高管，企业也不要，面试机会也很少，少数小公司面试过，基本月薪也是税前不到两万，税后连房贷都不够，有的还看不上我。

我们在大公司，自我感觉水平不错，视野开阔，但和人家一交流，明显有很大的不同，人家小公司我们这年龄的，即使不是高管，基本产品从前到后啥都懂，软硬件、结构啥都能做，我们则只能做自己擅长的一块，真正让我们做出产品需要很多配置的协助，小公司也养不起我们这样复杂的玩法。

目前看只能把学位房卖掉了，但眼下比较麻烦的是，现在深圳二手房交易十分低迷，学位房也不好卖，急着卖的话350万元可能只能卖300万元，还了贷款杂七杂八的刚好没有了。

最后就十几万的股票离职可以换几十万元，离职补偿已经在前年兑现了。这几十万元只能凑合偿还一套房的抵押贷款。就算把学位房以300万元卖掉，幸运地找个税前两万元税后一万多元的工作，剩下6000元的房贷，加上两个孩子上学，养家，完全入不敷出，何况税前两万元的工作也不好找。现在每天下班回家，看到孩子和老婆都觉得愧疚，夜晚也辗转难眠。

今天这个局面也不怪公司，我们农村出身，能在深圳生儿育女有房有家已经不错，当然还有个标志307。这么多年来，我时时鞭策自己，从来不敢懈怠，能加班就加班，能早去就早去，领导一点不满，就紧张好多天，生怕丢了工作，可到头来还是不得不离职，入不敷出。

是哪里出了问题呢？是房价太高，还是我们家境不好的就不该来深圳工作？

◆ 主人公的第一个迷思：房子能带来幸福

主人公问：“是哪里出了问题呢？是房价太高，还是我们家境不好的就不该来深圳工作？”

他认为，日子过得紧巴巴，还不起的房贷是罪魁祸首。

人们常常有一种错觉，以资产的多少衡量自己的财务状况。

你以为自己的账面资产多了，就不用焦虑了。

这就是主人公所说的，“日子过得紧巴巴。但想到自己深圳有两套房，心里也会安慰很多”。

实际上，房子虽然狂涨，却无法解决你的生活问题。文中主人公，只有两套房子和十几万的股票（从资产的角度，股票可以忽略不计了）。真正与生活需求相关的现金资产，反而准备不足。一旦家里有人生病，可能医疗费用都未必宽裕。

中国中产阶级的资产高度集中于房子（85% 以上），房贷成为不可承受之重，这是焦虑的根源。

一个合理的资产配置，应该是基于家庭财务状况，选择若干类资产配置而成（详见本书第五章）。但是，主人公的资产高度集中于房产，根本没有多余的资源去进行合理配置，以配合人生各阶段目标所需要的流动性。中产阶级的窘境大都因此而起。

除家庭资产配置以外，还应该起码准备六个月的家庭支出，作为家庭的备用资金，可是主人公并没有。有财力做规划的时候，他只是跟风多买了一套房子。

◆ 主人公的第二个迷思：平台价值高于个人价值

主人公很清醒——

我深知，农村出来的孩子，不努力就更没出路，我能走到今天，是公司给我们创造的机会。

我们农村出身，能在深圳生儿育女有房有家已经不错，当然还有个标志 307。

除了家庭财务没有规划，他对个人成长也没有规划。

从 2001 年到 2017 年，近 16 年的时间，公司或许在高速发展，但主人公却只是努力做好公司的螺丝钉——

这么多年来，我时时鞭策自己，从来不敢懈怠，能加班就加班，能早去就早去，领导一点不满，就紧张好多天，生怕丢了工作。

其实，个人与平台的和谐关系应该是：

个人充分利用平台空间自我完善，当然应该心怀感恩（这一点主人公是做得很好的），同时个人与平台成长有一种良性竞争关系，达致双赢。

如果个人成长快于平台成长，另择平台或创业，也不失为“甜蜜的告别”。

好的平台也期待员工全面提升价值，而非永远做老黄牛、螺丝钉。

主人公努力的方向错了，他没有跟上时代变化的步伐，没有利用这16年，磨炼出不可替代的能力。

◆ 主人公的第三个迷思：我其实要的不多

不，你要的已经够多。

想当真正的螺丝钉也是不容易的。那就要学学日本人，一辈子在一家公司，做到极致，做到终老。

既然要做好一家公司的螺丝钉，自然就公司要你去哪儿你就去哪儿，哪儿有什么选择权？

想在一线城市有两套房子；

老婆全职带娃，老公上班养全家；

想在哪儿工作就在哪儿工作……

理想很美好，现实很骨感。

我也在一线城市生活、创业；可是我现在住的房子是租的；老婆也从来没想过做全职太太；我的孩子也没有上所谓省一级学校……

你要原地踏步，还要公司继续给你不错待遇，让别人就着你的能力、你的性格、你的家庭环境（房奴、孩奴），为你适配一份工作、一份收入。

你既想拥有北欧国家中产的生活状态，又期许达到中国创业者的财富增长水平，还想像安分守己的日本人一样不操心？

你要得太多，却做得太少。

◆ 主人公的第四个迷思：40 岁的人生是个坎

主人公今年 38 岁。如果人类的平均寿命是 70 岁左右，他的人生只走过了一半；如果人类的寿命是 100 岁左右，他的人生只是走过了五分之二不到。

他所说的小公司里的年轻人，可能也就是比他小 10 岁左右。想象一下，对于百岁人生而言，10 年又算什么？

马上将自己的人生归零，就把 38 岁的这次离职，当作是人生重新出发的机会，又如何？

◆ 我们对“金钱”的态度很分裂

回顾我们十几年的学习生涯，并没有受过金钱的教育，“金钱”这个词，常常被置于两个极端——要么是终极追求，要么是你眼中的恶魔（金钱是罪恶的）。

当我们长大后、工作后，钱的阴影如影相随。

没有钱，我们租不起房；

没有钱，我们买不起房；

没有钱，我们不能天天下馆子；

没有钱，我们不能说走就走去旅行；

没有钱，我们不能给孩子最好的教育；

没有钱，我们看不起病、买不起墓地……

我们回避它，又渴望它，殊不知它只是你或你的家庭达致幸福的一个工具。

显然，主人公缺乏财商知识，缺乏对于“金钱与幸福”关系的思考。

当你回到这个原点，你就会发现，主人公的理财规划可以更好：

在买第二套房之前，充分了解自己的负债和现金流；想一想：买这套房，对我们的家庭幸福真的有帮助吗？

在生第二个孩子之前，提前预判自己身上的责任；

在买两套房和生二孩后，为自己准备充分的保障；

为自己的转型做好现金储备；

准备一笔成长基金，不断培训和学习，为转型做准备……

如果他真的开始思考这些问题，他的人生才可能发生改变。

2017 年 2 月

3 想为远方放手一搏，却怕连苟且都输光

说说我认识的三个中年朋友的故事。

◆ 突然失去坐标

这是我在中学同学聚会时，听到的一个真实故事。

好友的一位朋友，是 3D（三维）动画制作的高手。

10 年前，他加盟一家 3D 电影制作公司联合创业，其间经历无数失败。

去年，这位朋友和团队终于推出一部 3D 动画电影，动画特效做得不错，由于剧本单薄，商业运作不力，票房一败涂地。他 10 年心血，伴着“毕其功于一役”的期望，灰飞烟灭。

这位朋友付出的代价却是家庭关系的疏离。10 年间，他过于投入事业，

与太太关系并不好。多次冲突后，太太妥协，希望他的付出能换来事业成功，但影片票房的失败导致两人关系雪上加霜。

朋友在家郁闷至极，事业也找不到新方向，于是发生了电视剧里最常见的婚外恋桥段，家庭关系降至冰点。

◆ 为创业而创业

一位初中同学，家里曾经有权有钱，他名校毕业，很早就是 500 强企业的骨干，他也陷入了“中年危机”。

他年轻时家境好，生活品质要求高，自己的挥霍了，还可以“啃老”。

如今父母老去，他又无心接手，生意也就结束了。

他在北京也有月薪 3 万元以上，按理说收入不菲，但负担也不轻——两个孩子，妻子全职在家。他的职业上升也到了一定的瓶颈期。

如何能再上一个台阶？压力袭来，他开始郁闷：到底要不要离开供职多年的 500 强大平台，去干一番自己的事业呢？他迟迟下不了决心，直到去年，他和上司就某个项目中的分歧大吵一架，随即辞职创业。

他一直待在大平台，没有在外鏖战过，创业后并不知道自己适合找什么样的项目。一句话就是“为创业而创业”。后来他找到了一个“好”项目，每天在朋友圈为自己打广告，实际经营情况惨淡。

我们见面聊天，当年那个意气风发、家境好、视野开阔的年轻人荡然无存，取而代之的是一个颓废、后悔、患得患失的中年男人。

◆ 背水一战的男人

第三个故事的主角，也是我的同龄人，非名校，成绩一般，普通家庭出身。他打过很多份工，“多次尝试，惨淡收场”。

婚后，他开始从逍遥生活中醒来，萌发创业冲动，先是卖了一套房，又向银行贷了款，和故事一的主人公一样，准备毕其功于一役。区别是，那位朋友是专业人士，而他其实并无任何方面的特长。

创业失败也是意料中事，他只能再次回到公司打工。

相聚时，我们谈起他这段创业经历，他也没有后悔，他很清楚没有积累，创业很难成功，但“马上 40 岁了，再不创业就没有机会了”，当时也是背水一战。

◆ 诗和远方是什么？

这三个中年男人，无论是有才华的，还是有家底的，或是没才华、没家底空有情怀的，他们的境遇有个共同的名字，叫“中年危机”。

对于中年男人来说，父亲、丈夫、儿子，三个角色同时存在。人生近半，还剩那么一点时间和机会成就自己，憧憬和纠结伴随而来。

有一句歌词“生活不止眼前的苟且，还有诗和远方”，道尽个中纠结。

如果说苟且是指事业中要处理大量无价值的事，生活中要面对一地鸡毛——柴米油盐、吃喝拉撒、孩子学费、父母养老金、家务琐事……

诗和远方又是什么？

大多数中年男人描述的诗和远方，无非就是这样一种状态——成为孩子的偶像，太太的依靠，父母口中的“别人家的孩子”。

这很世俗，却非常现实，扪心自问，我也是一样的。

时不我待，当“眼前的苟且”与“诗和远方”相距甚远，甚至发生对立时，憧憬就会变成最后拼搏的机会，甚至会变成面向鸿沟一跃而下的冲动。

现实中，大多数中年男人都付不起一跃而下的代价，在拖延中慢慢老去。

◆ 搭起“远方”与“苟且”之间的桥

我 1979 年生，上面说的“苟且”与“远方”的纠结，我一样有。

我全职创业时刚刚 30 岁，还在“青年”的尾巴尖上。

那时，我的大娃 1 岁。

要证明自己，要别人为自己骄傲，要做成一些有价值的事，这种小小的虚荣心、不甘，确实是鼓励我开始自己事业的动力。

几年创业，走到今天，我远未算成功，在同龄人中也算不上有多牛逼——没有动辄估值几十亿的公司；家里曾有过的一套二手房也出售了……

但每当我翻开自己这些年的成绩单，第一个看到的就是为两个孩子准备的教育金。虽然事业未大成，每个孩子的教育金账户上却已有了约 100 万元的教育金；我和太太的家庭养老金账户上也有了 110 万元左右；我们还为家里的长辈准备了 50 万元左右的医疗准备金（作者注：2021 年更新数据）。这些钱都放在多元化配置的基金账户上，每年都在增长，绝不会为了买房买车而提取。

这绝对不是我要“炫”富。但，这确是我输得起的资本。

“输得起”这个词常被用在年轻人身上，他们想赢，即使输了也还有时间、有机会重来。

大多数中年男人也想赢，但自认为已经没有多少时间重来，格外怕输。

你想为了诗和远方放手一搏，却怕输得连眼前的苟且都难以为继。

这是上面三个故事中，中年男人的普遍心态。

10 年时间，我的事业与理财均从零开始；再过 10 年，如果我一直持续执行理财规划，就会拥有 1000 万元的金融资产供教育养老之用。就算事业不成，我的家庭也不会因此而崩溃，我的孩子依然有未来，我的晚年依然可以潇洒游于山水之间。

我做好了准备，在“诗和远方”与“眼前的苟且”之间搭起了一座桥梁，所以我不怕。

◆ 幸福的三个“桥墩”

我要转述我最欣赏的学者，理财专家艾伦·艾贝（Arun Abey）[1] 提出过的一个观点：

> 人生真正要想幸福，是要在当下的状态（眼前的苟且），和未来的目标（诗和远方）之间铺设一个桥梁。

这个桥梁的铺设并不简单。艾伦·艾贝提了三个方法：

> 桥墩一：充分了解，建立自己人生的价值观与目标；
>
> 桥墩二：完整、理性地构建一套合理利用资源的策略；
>
> 桥墩三：不断发展和改善这个策略。

1 艾伦·艾贝，澳大利亚理财规划大师，代表作《赚多少才够：财富与幸福的哲学》。

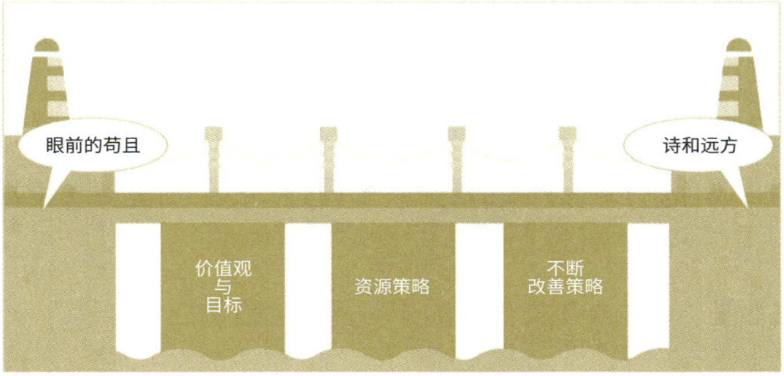

桥

看到桥墩三，你会发现这是一架动态的浮桥，而不是一个固定的桥。只有建成了这三个桥墩，桥梁才能搭建起来。

从实用角度看，连通苟且与诗和远方的桥梁到底是什么？

毫无疑问，这就是我一直倡导的家庭理财规划和人生规划。

理财规划，虽非诗和远方，也绝不应被中年男人（创业者）视为眼前的苟且而不屑思考，它是一座连接二者的桥梁。

明确自己的理财目标，梳理资源利用的策略，并不断优化，每天并不会耗费多少时间，每年也不会耗费多少资源。

当你走在桥上，你会发现，无论在何时，无论事业成功与否，无论奔向诗和远方的路有多崎岖，至少回头看，可爱的孩子和幸福的家庭依然还在那里，这是多数男人奋斗的目标，也是回归的最大依靠。

有了这样的桥梁，中年男人就会像年轻人一样输得起，同时有着中年人创业的奔头，知道这是上帝给我们的最后机会，也清晰地认识到这并不是让我们在短期内获得多大成功，而是让我们再一次完善人生的尝试。

如果没有铺好桥梁之前就豁出去纵身一跃，跳入鸿沟，那是九死一生，能在洪流中游出来且到达彼岸的翘楚寥寥；更多的，会如同前面三个故事中的朋友一样，陷入更深的中年危机，回头路茫茫。

◆ 给中年男人的话

如果你是一位中年男士，我想对你说——跨得过去就是诗和远方，跨不过去就是眼前的苟且，甚至连苟且都没有。我们当然不希望是这种极端的状态。

如果你是一位中年创业男性的伴侣，我想给你三个建议：

1. 情理支持

面对“中年危机”的努力，也是先生想承担家庭责任的表现，太太应在情理上无条件支持。

2. 理智劝导

劝导，绝不是争论。劝导和争论的区别是，劝者，是思维上的共鸣，让先生放下负担，面向未来，这也是女性胸怀的博大之处；导者，是引导先生为家庭的未来先修建幸福之桥。

3. 坚定执行

监督家庭，监督先生，无论创业多么资金紧张，都要为家庭财务建立防火墙。

以上，是一个“还未赢，却不怕输”的中年男人的感悟。他做的这一切，也是因为私心，他希望无论事业成功与否，幸福永远在身边。

此文，给所有“油腻”的中年人。

2016 年 8 月 3 日

4 找出人生的“大石头”

这个故事大家可能听过：

话说有个教授，拿着一个水晶罐子上课。他先把罐子装满水，之后就装不下其他东西了。但如果先放大石头，再放小石子，然后放沙子，最后才装水，就可以放很多东西。

这个实验的意义是，关键不在于放什么东西，而在于放东西的顺序。顺序对了，就能充分利用这个罐子。

如果把罐子比作人生，我们追求的是人生的丰富程度。从某种程度上说，阅历丰富的人生才是现代人追求的，而不是单一指标的无趣人生。我们必须先找到影响我们幸福的“大石头”，优先放进去。

不是说不花钱，而是把罐子的空间（我们的财务资源）优先分配给“大石头”。

每个人价值观不同，“大石头”也不同。

对现代人来说，影响家庭幸福指数的，往往是孩子的教育问题。教育可能是大多数家庭的“大石头”。

人生自由、财务自由，也就是退休状态，这也是很多人心中的“大石头”。所谓人生自由，就是你不需要为了下个月的生活费，在工作岗位上拼死累活，而是想干就干，想走人就走人，同时还拥有能够让你随意支配的财富。为了实现人生自由，要攒够多少钱呢？这是一块“大石头”。

此外，像购房、买车、医疗保险，都有可能是某些人心中的“大石头”。

有的人可能想要在 40 岁时去哈佛念书，哪怕自费也要去。就像王石，60 岁高龄还去美国游学。

总之你得先找出你的“大石头”，放进人生罐子里。

小石子是一些中期目标，比如是一年出国旅游一次，还是两年一次、两年三次……这些当前对我们有很大诱惑力，但意义次要的事情，就可以看作小石子。

小石子装完了开始装沙子。沙子就是一些奢侈品，比如一个 LV 包、一辆更酷的车等。

剩下的就是水。到这个层面就不用规划了，有多少水都放进去，放在余额宝里，花在买买买上，全花掉，都没问题。

如果顺序对了，人生就完满了。

不是要改变你的价值观，而是让你去面对自己的价值观，不要等到罐子都装满水了，装不下你觉得最有价值的东西时才后悔。

这就是我所说的真正的“理财”，一个被说烂了的词。

5 年轻人的新“四座大山”

理财规划做一件什么事情？改变个人或家庭财务不健康的状态。

所谓财务的不健康，指的就是影响人生和家庭幸福的重大事件，不能确保从当期收入中支付。这些重大事件，就是前面所说的人生中的“大石头”。

这些“大石头”，不由你我个体的意志决定，是因时代变迁造成的。

遥想父辈当年，以公有制经济为主体，从严格意义上讲，他们不需要理财。

算一笔简单的账，当年我们的父母，在我们同样的年龄，收入比我们低得多。很多父辈回忆，在 20 世纪 80 年代初，即便是城市里的处级干部，一个月的收入也就 50 元，生活却感觉很富足。

今天，一个刚刚走向社会的大学生，起薪起码三四千元，跟 20 世纪 80 年代初刚参加工作的毕业生相比，增长约 100 倍。

再看物价。20 世纪 80 年代的广州，一斤大米是 1 角 5 分钱，今天买一般的大米，单价大概是四五元，上涨约 30 倍。

收入成长了上百倍，基本生活物价只涨了三四十倍。如果仅考虑生活成本，就算考虑了通胀，我们现在的收入，支付生活费用也绰绰有余，生活品质高了，我们的生活应该比父辈更潇洒、更从容，事实却恰恰相反。我们父辈当年，虽然到手的收入少，但政府统筹了大量“剩余价值”，也把我们人生中重要的“大石头”全部统筹了。

人生的“大石头”首先是“四座大山”：住房、医疗、养老、教育，再加上抚恤制度。我称之为“4+1”。过去国家对于身故的军人、国企员工、公职人员等的遗属，会有一定的救济政策，这就是抚恤制度。即使父母去世了，厂里也会管孩子的读书、家属的生活等，现在已经没有这首歌儿唱了。

我的父母从来没有担心过住房问题，单位各给他们分了一套房；从来没有担心过医疗的问题，我从小用父亲的名字在医院里看病，百分之百的公费医疗；父母也从来没告诉过我，将来需要我来帮他们养老，记得父亲说过，只要他不咽气，厂就要一直管他到死。一切都在20世纪90年代发生了翻天覆地的变化。虽然我们的收入扣除通胀，依然比父辈有大幅成长，但是我们面临的生活压力却更大。

购房

我们现在购房压力极大。随着住房改革，所有的福利分房都取消，越来越高的房价，成为压在年轻人心头的大石。

医疗

随后就是医疗的改革。害怕生病，生不起病，是很多家庭的焦虑点。虽然近年来国家在医保上的投入很大，报销比例也逐年上升，尤其是在大中城市。但是对于普通家庭而言，这仍是一笔巨大的开销。

养老

国家统一政策规定强制实施基本养老保险。伴随中国日益加剧的老龄化等诸多问题，晚年养老的问题还需我们积极应对。

教育

1994年至今，教育改革使中国的教育成本迅速攀升，我们开始放眼世界，为孩子寻求出国留学的机会，更使教育成本的增长不可遏止。

住房、医疗、养老、教育，这四件大事，在20世纪90年代全部改革完成。时代在变迁，我们的收入在扣除通胀因素之后，已经远远高于父辈的收入水平，面临的压力却越来越大。

过往的十几年，有一件事使我们不得不警惕：原本应当用来解决这五件事（包括抚恤制度）的所有财务资源，被我们这一代人极度浪费地全部放在了其中一件事上——购房。

四件事都需要提前准备，只有住房会在短期之内，因为市场泡沫，让资产翻一番、两番，甚至三番，收回成本获得巨大收益。我帮孩子准备的教育金，不可能三年后转让给别人，赚回三倍的钱。

所有的资源疯狂地进入了房地产，房价更加高企。不要忘记，原本我们比父辈多出来的财务资源，是要解决四件甚至更多的事情。过往几年，我们所看到的中产阶级的资产负债表，即使是财务最健康的家庭，也有80%的资源配置在不动产上，根据美国消费者金融调查（SCF）数据，美国家庭资产中的房产比重仅为36%。

如果未来单一资产贬值，不仅会让家庭资产在数字上贬值，和人生幸福指数相关的其他目标，例如体面养老、孩子的优质教育、医疗等，也会蒙上阴影。

富余的资源已经给到你，你需要做的，只是通过理性、客观的评估，恰如其份地利用这些资源，使家庭在时代的变迁中，不被时代抛离。

2014 年 8 月

作者注：这篇文章写于 2014 年，这“四座大山”有着鲜明的时代特征。国家这几年频频出台针对“四座大山”的调整政策，如在购房问题上提出“房住不炒”，养老问题上强调打造养老第三支柱，医保待遇不断提高，教育提出“双减”政策等。人生的“四座大山”已经逐渐消解，但这四件事依旧是我们人生中最重要的事情，需要按照轻重缓急排序，重新安排自己的资源。

6 理财只是有钱人的事？

对于“理财”这个“烂大街”的词，大部分人还是存在相当多的误解。

理财就是投资？

多年前，我开始创业时告诉朋友，我是做理财，做家庭财务规划的。朋友马上两眼放光，追问：“现在投资什么产品比较赚钱？”

我只能不厌其烦地解释：理财不等于投资。

理财关注的是你的生活，你的目标，你的梦想。

理财和投资的本质区别是，投资专家不关心投资的钱将来有什么用途，只关心这笔钱在投资过程的收益和风险的匹配。高收益高风险，低收益低风险，就是这么简单。

投资专家的目标不是使这笔钱完成任何人的人生目标，而是要战胜某些基准。如果我是一个基金经理，我管理的基金主要的投资是中国股市，我的目标就是战胜中国大盘指数。至于中国的大盘指数能不能帮你完成人生的目标，与我无关。

理财与目标挂钩，就有了金额和时间的刚性需求。

理财绝对不是投资，如果把理财当成投资，某种程度上你的人生就成了一场赌博，你赌的是，这种投资是不是恰巧跟我的人生曲线相匹配。

实际证明，任何单一投资，跟复杂的人生都是无法匹配的。

◆ 我没钱，理不了财？

很多朋友一说到“理财”，挂在嘴边的就是“我没钱，理不了财”。事实上，理财和你现在有没有钱，真的没什么关系。

理财，是帮助你在最需要钱的时候，有足够的财务资源，而不是你现在一定要有钱。按照现在最新的理念，国外的财商教育，要求孩子在 18 岁之前，就要开始为自己准备养老金，这是一个典型的“反例”：在没有多少钱，也没有其他负担时，为自己最需要用钱的时候作储备。

你有生活，就需要理财。

7 学财商课就财务自由了？

不知从何时开始，市场上忽然多了很多做成人财商教育的，这个行业鱼龙混杂，鱼比龙多得多。

这个行业有多火？近半年[1]出现了1000多家号称在做财商教育的公司。其中三四家头部企业，从2020年新冠疫情期间开始，每个月投入的流量费过亿元，每月最终收割的课程教育费超过2亿元。有人戏言，按照这个发展速度，三年之后中国的90后都财富自由了。

这个行业针对的是这样的人群——没有专业背景或投资经历的投资者，TA希望通过学习理财知识，来提高自己的投资赚钱能力。

自从发现这个行业有很大流量，有些人就动起了歪脑筋，生生把一件好事变成了快速收割韭菜的套路。

这个套路就是：

1 指2020年底至2021年初。

先在自媒体上做一段时间的客户群养成，进行前期铺垫，利用社会相关热点事件，累积情绪焦虑。

然后通过媒体或自媒体渠道，以免费或者1元低价，精准投放类似“理财小白课程”的线上课程广告，其中不乏“摆脱穷人思维”“通过学习，理财小白三年之内实现财务自由”“从月薪3000到存款百万，只需要××个月”等颇具诱惑力的广告语，让人感觉可以不费劲就获得致富能力，或者是跟着老师学炒股、养基，几天就能够成为股神或者养基专业户。

当目标人群锁定后，让人先是免费上三天或者五天的在线课，在线课就是一堆概念，然后通过话术，渲染信息不对等造成的差异，推销“进阶课程”，收费在3000—10 000元不等。

进入“转化”期后，发现自己的客户并未达到消费门槛怎么办？

有些平台会鼓动客户贷款借学费。

用花呗！借呗！甚至诱导客户去某些非法网贷平台。

当初客户是为了提高财商能力来上课，结果背了一身利滚利的贷款，想想也是讽刺。

最可怕的是，现在我们一进入各种短视频平台，铺天盖地看到的都是“财富自由、穷人思维、学会钱生钱”的各种宣传，让人产生一种“全世界都在学理财”的虚假繁荣景象。

这些年，随着经济发展，国人对财富密码越来越热衷，但理财领域的知识门槛高于普通知识领域，这种信息不对等也为各种不良操作留出了大量空间。

从商家来说，保持初心当然是底线思维，但道德约束远不能成为商业操作的束缚，从市场端到监控端也是一条反射弧很长的线，从短期来看，能保护我们利益的只有一个办法——我们自己带眼识课。

市面上这些理财教育课程，凡是属于骗局的有几个巨大的破绽可以轻易让人识别：

第一，承诺学完之后投资收益率就可以达到××%，诸如此类的宣传。首先，这种高收益率的宣传其实已经涉嫌虚假宣传；其次，敢打包票稳赚不赔，本身就是对理财科学的一种歪曲。

第二，凡是让人借高利贷投入的，一定是骗局，这是违背理财基本原则的。

第三，伪造老师资质、企业资质的一定是骗局。

我反复强调过我的理财教育观，不厌其烦地再说一遍：

第一，理财绝对属于慢事业，只要说到理财，一定是跟自己的长期目标挂钩的。

凡是个人理财跟“快”字绑在一起的，就是滔天巨浪和深坑。前有2015年的融资融券，后有P2P，再后有小额贷款，中间还夹杂着比特币，今天就该到这种小白理财课了。

对于99%以上的人而言，理财就是要战胜通胀，跟随市场慢慢变富。快速变富只能是零和博弈，你赚的钱一定是别人赔的，请问99%的人都赚钱，谁在赔钱？“只要快，必是坑”，其原因在于此。

第二，真正学会理财的人，最终结果都是返璞归真。

一个理财高手，看起来跟不理财的人没有区别，正常工作生活，不可能天天去学习炒股、炒基、炒外汇，学习各种各样的投资知识，因为那是专业人士干的事儿。

投资是一个极其专业的领域，仅能容下极少数的人。

就如同程序开发，不可能人人都能成为人工智能专家。我们借助网络改变生活，就是学会用专业人士开发的工具，而不是自己去开发工具。

也就是说，一个真会理财的人，是通过在专业人士协助下制定好理财规划、坚定执行的方式来落实的。

理财知识当然需要学，学并不是要成为基金经理、成为操盘手，不是需要学会看各种报表K线图，而是要学会判断打着“专业人士”旗号来给你推荐产品的人是不是骗子。

“慢”和“假手于人”，才是理财高手的必备素质，助人修炼这两项技能，才是理财教育的真谛。

如今，市面上充斥各种鱼目混珠的理财课程，其实质是各种各样的导流工具。

只要市场上还有这种机构存在，我宁愿保持骄傲的沉默，都不会再用“成人财商教育”的牌子做宣讲。

但另一方面，我将更加坚定地去做理财教育，尽我所能地发出我的声音，不让真正的理财教育被这些杂音淹没。

最后提醒大家：第一，越来越多公司看准了“商机”，正在向“财商教育”转型；看住你们的荷包；第二，如果你已经上当，就不要再当所谓下线，去忽悠你的朋友了，珍惜自己的名声。

2021年4月15日

视频｜什么是真正的理财规划？理财师的职责是什么？

第二章

理财基石：家庭保障

8 无情的我，无情的你

我刚入保险公司做精算的时候，一位倍受尊敬的前辈对我说过，对保险的理解有三个层次：

·最低层次，保险是金融产品
中等层次，保险是理财规划
最高层次，保险是爱心与责任

对如此感性的话，我不以为然。

创业以来，我所遇到的客户朋友，大多有明确理财需求，TA 们由于不够理性，购买金融产品盲目草率。而我的大多数文章，都像一个逻辑学老师，充满思辨。

我的目的是，让 TA 们从感性回归理性。

直到 2013 年，我参加了一个大学师妹的葬礼。

她比我小一岁，死于脑癌，孩子只有3岁。

我依然记得1997年开学的那一天，我带着娇小的她，开始了她在中山大学数学系的生涯。

相识16年，她早就知道我是保险公司的精算人员，站在她的灵柩前，我和其他朋友一起痛哭，却感到前所未有的愧疚：我从来没有和她谈过一次保险！

我身边还有过更夸张的故事，精算部一个年轻同事，自己设计保险产品，却不买保险，后来突发白血病去世，留下年迈的父母却无法回报。

精算出身，曾经在保险公司任职多年，我却有些畏惧和朋友谈保险（除非在公众号上，除非有朋友主动提问）。可能是因为我的专业出身，数学系的人不愿意空谈“爱与责任”；可能是因为社会上对于保险代理人的偏见；可能是因为我的傲慢，你不接受是你的事，总有一天你会了解……

可是看到这么多的朋友或离世或身患重疾，此前我却从未尽过提醒之责，我所秉持的理性还有何意义！

我因为理性而放弃了对朋友的责任，而你们呢？

理性会让你们去衡量保险产品的优劣，却无法让你从“百忙”之中抽时间与理财规划师详聊一番；理性可以让你跨过一个又一个理财陷阱，却无法令你在人生目标临近之前，开始切实地执行。

或许，身边每一个真实的故事，都是为让我铭记：

感性地激发朋友责任和爱心，感性地开口让朋友开始面对人生的重要目标，感性地督促朋友不要拖延尽快执行，是一个理财规划师的重要职责，其价值甚至大于理性评估、精确计算和全面数据。

2014年4月15日

9 莫等到亲朋生病才想起保险

高中毕业 20 周年聚会上，一位好友因父母双双罹患重疾惨遭巨变。

这位同学的母亲此前曾罹患癌症，经治疗后本已痊愈，却不幸复发。祸不单行，父亲此时又突然中风，状态还不如母亲。

面对突来的双重巨大打击，同学一家疲于奔命，夫妻俩每日辛苦奔波于双亲病床前，同时要照顾老人和幼小的孩子，分身乏术……

同学暗自心惊，开始后悔：

是不是自己也早已被种下了大病的基因？某天自己的孩子是不是也会如自己一般遭遇同样的焦头烂额呢？为什么不早买重疾保障？

官方媒体、保险行业中有一种流传甚广的话：

“现在不买，等你想买保险、需要保险的时候，就买不到了！”

请大家和我一起“烧脑”，挑战一下这种莫名其妙的逻辑。

什么才是真正的需要？

我用一个略夸张的例子来说明：

假设有一个普通家庭，夫妻双方基因都十分良好，双方三代以内直系旁系亲属从未有任何绝症患者。但两人要担负供车、供房、养孩子、赡养老人的重任，这种情况下是否需要重疾保障呢？

在这个例子里，夫妻肩上固有的责任，并不会因为是否罹患重疾而变化；两人对保障的需求，仅跟身上的责任有关，和良好基因无关。

人一旦出险就会影响家庭财务，这才是需要保障的根本原因。保险赔付看似只是福荫受益人，实则受益的是整个家庭。例如家庭支柱购买了重疾险，一旦发生赔付，受益人是本人，但真正得益的是整个家庭，不会因为家庭支柱暂时得病而崩塌。

人不是因为容易出险而需要保险，而是因为一旦出险，家庭财务将会陷入困境而需要保障。

◆ 保险是发达国家家庭的标配

当我们还在纠结于何时需要重疾保障时，发达国家早已把保险作为家庭构建的标配。

我的大学好友花名“肖老大”，目前在美国从事医疗软件开发的工作，他曾经和我详谈了美国中产阶级如何看待家庭医疗保险。

美国中产阶级家庭保险覆盖程度非常高，商业医保的覆盖范围也基本能涵盖所有医疗需求，虽然美国的商业医疗保险价格高、医疗成本浪费严重，但不可否认的是，美国中产阶级已把各类保障作为家庭财务构建的标配和最基本的风控措施。

肖老大一家四口每月要缴纳1400美元的医保，一半是公司出，一半是个人出。对应的保险项目覆盖大部分门诊服务，但仍然有一定自付比例，每人每年自付部分最高4000美元。

也就是说，这一家子一年要缴纳5万人民币的消费型强制医疗保险（没有任何返还，如果是自雇人士，公司部分也要自己出了，那就是10万人民币了），对于一个中产阶级家庭来说，这绝不是一个小数目。

我们国家没有这么高的强制医保负担，这值得庆幸。但为了使家庭规避非金融风险，也该考虑为家庭进行合理的保障规划。

中国的保险行业向西方学习了30年如何设计保险产品，如何宣传购买保险的好处，却没能教会客户，只要有生活，就会有保障需要，与身体健康与否无关。

不管你过往是不是“见了棺材才落泪”，只要你从现在开始思考保障于家庭的真正意义，积极有序行动，而不是继续拖延，就不晚。

2016年8月

10 有医保为何还要买商业保险

很多朋友都发现，我国社会医疗保险的覆盖水平已经越来越高，可以说是日新月异了。

我国社会医疗保险越来越充足，还要不要付出大价钱去购买商业保险呢？这确实是个问题。

首先我们要先了解社会医疗保险和商业医疗保险之间的差异。

◆ 社会医疗保险无法解决因病致贫

社会医疗保险讲究的是广覆盖、低水平、保基本。只要你参加了社保缴费，就能获得相对比较均衡的保障。

如今在发达城市，比如北上广深，社会医疗保险保障水平也越来越高，这是一个客观事实。有的朋友就说，我们都有这么好的医疗险了，干吗还要买商业险？

这就是社保的基本特征。大部分地区的社保缴费，都是跟我们的收入比例挂钩的。不同人的收入差异很大，缴费比例差别也很大，但大家享受的医保待遇差不多。只要在同一个城市，医保待遇是一致的。

即便是越来越完善的社会医疗保险，是不是还有缺口呢？

先看重疾。我们知道，一旦得了重疾，医保的大原则是实报实销，这本身就是一个不太完备的保障。

一旦家庭的经济支柱罹患了重疾，我们面对的不仅仅是治疗费用，还有收入突然中断或减少，日常生活开支、子女教育费用、房贷等都有可能受影响。

这个时候，商业重疾险“一旦确诊即可一次性赔付”的原则，恰恰能解决因患病带来的巨大资金缺口。我们一次性可以拿到相当多的赔付，既缓解了收入中断或减少的短期影响，同时也为未来的治疗储备资金。

如果本身我们也有社保或者其他的医疗补助，产生的治疗费还可以通过报销拿回来，避免因病致贫的风险。这是目前社会医疗保险无法解决的问题。

一场重大疾病，可能就让整个家庭的经济坍塌，或者生活水平直线下滑。通过“社会医疗险＋商业医疗险”的模式，基本上可以保证我们的生活不会受严重影响。

◆ 社保报销范围受限较多

社会医疗险的另一个不足在于，无论社保报销额度放得多宽，还是有相当多的治疗用药或者新的治疗手段无法被纳入社保的报销范围之内。

如果我们对自己的治疗有更高期许，社会医疗保险不会为此埋单。如果想出国治疗重疾，社保不可能支付，但可以通过商业重疾险达成。

从这个角度看，随着我们对医疗需求的提高，商业医疗保险依然有刚性需求。

◆ 国家的情一定要领

2020 年 12 月 20 日，中国人民银行开展了一次史无前例的货币投放，单日向市场投放 9600 亿元，创造了历史。

经过这次疫情，各国释放的流动性相当一部分必将流入公共医疗基金或者公共福利基金。

我国尤其明显——

1. 举全国之力抗击疫情，相当于国家向普通阶层发放医疗资源福利。

2. 各地争相推出的“惠民保”“穗岁康”之类的业务，价格便宜，不设投保年龄、身体状况限制（可能有起付线比较高等条件的限制）。政府采取了默许支持的态度，参与的保险“国家队”才能有此底气。

短期来看，医疗靠政府是不成问题的。医疗资源属于短期福利，没有滞后效应，国家现在倾斜了，短期之内一定会相对充裕。

普通家庭，如果预算紧张，要尽可能利用社会公共资源完善家庭医疗保障。有“惠民保”“穗岁康”之类产品的地方，一定要买，而且要持续供；其他能够享受到的社会公共医疗救助资源，尽量享受。总之，政府的“情”一定要领。

当然，如果预算充足，“医保 + 商业保险”是最优选择。

首发于　2018 年 6 月 29 日

修改于　2021 年 7 月 18 日

11 细数这些年保险埋过的坑

如果说“富豪死于信托，中产死于银行理财，屌丝死于 P2P”，作为曾经的精算师，我要再加上一句：“全民死于保险理财”。

聊聊这些年保险的“坑”，其实也是谈中国保险业不断发展的故事。

◆ 大坑一：趸缴万能险

万能险，曾是保险业的大坑之一，2017 年已经被保监会三令五申限制规模。回顾是想让朋友们不要再犯同样的错误。

几年前，我偶然发现，我妈背着我在银行买了一份“保本保息的理财产品”。

拿回来一看，居然是一份趸缴的万能险保单。

“万能险”的名字实在诱人，沾了翻译的光，英文原文是 Universal Life Insurance，universal 恰好有“万能”的意思。

它可以随时提取账户，不用像分红险一样遭受本金损失。如果买的是期缴万能险，可以买到较高的保障额度，较为灵活。但银行大量销售的都是趸缴万能险，那就“万万不能”了。

趸缴的万能险把不透明的保险公司的分红，变成透明的公布利率，让你看得清清楚楚。如果把每个月万能险公布的利率全部拉平，你会发现跟同期的货币基金收益几乎如出一辙。

有一批房地产系的新晋保险公司，当时大肆售卖万能、分红等理财型保险，低成本融资，频频举牌上市公司。保监会终于出手，严惩了公司法人。

由于加强了资金监管，这类风险被杜绝，目前的趸缴账户型保险，作为货币基金的替代，有一定价值。若全部资产放于货币基金，恐怕理财还未入门。

◆ 大坑二：分红险

万能险被三令五申限制规模，风光一时的分红险也已经不是各保险公司的主推产品。很长一段时间里，只要我在公众号里批评分红险，必然有保险代理人跳出来说我不懂保险。

我们就看看发生在粉丝身上的故事——

“孙老师，我前几年买了一款保险产品，一年交几万元保费，交款三年后，每三年就可以返还一笔钱，退休以后每年还可以拿到一笔钱。另外还有分红，分红最高档最终能拿回的保证保障，可以达到已交保费的五倍。

您觉得这是好的保险产品吗？”

过去，这样的疑问每隔几天就会在微信后台出现一次，版本大同小异，比如到养老时返还，到孩子上学时每年返还，到孩子成人创业时返还等关键词都离不开“保本”“返还”。

这样的产品看起来很美，却是典型的保险头号深坑——

高保费、无保障、低收益、保本保息的分红险。

这类产品也有其意义，对于某些特殊的需求，如与养老社区等权益绑定，在这儿就不具体展开了。但是把它当作理财甚至保险的万能仙丹，却是 2008 年股灾的遗毒。

前一年乃股市最疯狂的 2007 年，保险公司兜售了大量的投资连结保险（投连险）。2008 年 A 股从 6124 点狂跌到 1600 点，投连险也让投保人亏得一塌糊涂，群众对保险公司的信心消失殆尽。

为了追求业绩，保险公司设计并推出分红险，美其名曰“迎合市场”，果然击中客户软肋。

细究此类分红险的几个特点，就知道为何前面有“高保费、无保障、低收益”这样一长串形容词：

第一，对于中产家庭来说，一年保费几万元绝对不菲，占用大量财务资源，此乃保费高；保险期横跨几十年，如果中途想提前拿回钱，还要损失大量本金。

第二，保费等于保额，完全无保障；因为保费高昂，投保人以为自己花了很多钱，已经有了充足保障，殊不知完全相反。

第三，所谓保单收益（包含分红和固定返还金），实际在财务现金流分析工具里精算下来，真正的回报比一年定期还低，此乃低收益。

别惊讶，当年我作为精算师为就职公司设计产品时，参照的就是当时的一年定期利率。

保险公司收了大笔保费后，用各种投资手段获取巨额收益（比如当年举牌万科），但这跟投保人半毛钱关系没有。

还有人笃信香港市场的同类分红险，收益水平比大陆高，以为去香港买同类分红险就可以避免上述问题，这是错觉。香港同类产品，只是由于金融管制比大陆宽松，收益比内地此类产品高，但依然走不出“高保费，无保障”的怪圈。

分红险风靡市场多年，对普通家庭，真乃害人不浅第一大坑。这个坑有多大？有人估计是万亿规模。

◆ 大坑三：返还型意外保险

一位同事吐槽说，近两个月她接到了三四通来自不同保险公司和银行的营销电话，内容大同小异，但基本说法都是：

“只要您每个月存几百元，划归到指定账户，10 年后返还所有交的钱，同时可享受 10 万—20 万元不等的意外保障（各家公司的保障金额略有不同）。只需要定期储蓄，不损本金又可以返还，还有意外保障，一举三得。”

同事对保险较为熟悉，早已对这种坑习以为常，直接呵呵忽略。

返还型意外保险，一年要求投保人交几千甚至接近万元的保费，一存 10 年，意外保险保额却仅有 10 万—20 万元。20 万元听起来很诱人，其实你细算就明白——

你在银行购买返还型的意外险，每年保费 1 万元，一次性趸缴 10 年，保费共10万元。10万元，每年的利息是2000元左右。

意外险保费费率较低，假如购买保额为100万元的消费型意外险，一年保费只需几百到一千元不等。

你只要从每年的2000元利息中，拿出一半的金额，就足以买到10万—20万的意外保障了。

羊毛出在羊身上，这就是返还型意外保险的实质，只不过这次羊毛被织成了毛衣。

算起来，你还不如自己买一份100万元的消费型意外保险，每年把等同于返还型意外保险保费的钱定存进银行，这不比返还型意外保险的保障高，收益也更高？

◆ 大坑四：一张保单搞定所有事情

某著名保险公司的热销产品，宣称一张保单搞定所有事情。这张具有综合功能的保单，例如某著名少儿重疾险，打中的就是家长想一次性解决孩子所有保障问题的期许。

这个产品涉及的保障种类非常多，但都不完善。

首先，的确有保障，但低得可怜；

其次，保费远高于市场平均水平；

其三，提供的保障花里胡哨，什么都有一点。

产品真正的目的是用“保障多元化”的障眼法，在不提高保障内涵的前提下，提高保费。这和我多次强调的“保障充足”“性价比高”的原则恰恰相反。

这么做既合乎监管的标准，又能诓到高额的保费，同时还可以继续忽悠“一张保单解决所有问题”。

在今天高度“互联网+”的社会，灵活度越高越好。我们应该将需求拆解，根据每一个需求制定解决方案，组合起一个综合性的方案。这种量身定制的保障方案性价比最高。

12 隐形忽悠：双十原则与4321

这是影响了整整一代保险代理人的行销话术，这两个原则现在基本上和“鸡蛋不放在同一个篮子”一样，变成了看似科学的隐性忽悠。

◆ 双十原则

双十原则，指的是保费是自己收入的10%，保额是自己收入的10倍。

其实，保费预算绝不可能如此机械化。

举两个例子——

个案1：在中国的一线城市，一个家庭年收入只有5万元，但负债很低，只有20万元的房贷。

对于这样的家庭，如果非要拿出收入的10%来购置一家三口核心家庭的保障，这家人以后就要饿肚子了。

按照现在的发展趋势，大概5%—6%也就是两三千元，也能够满足一家三口的完整保障需求了，机械的10%理论纯粹就是为了忽悠成长中家庭，制造恐怖氛围。

个案2：一个家庭，假定年收入200万元。

家庭的责任，并不会随着家庭收入的上升而同比增大。

有保险代理人说，保额应该是10倍的收入。对于这个家庭，寿险保额根本没必要达到2000万元。

保额的需求与家庭隐性负债挂钩，包括你的房贷、儿女的债务等。这些责任根本不是跟自己的收入成正比的。事实上，需要买多少保额，真正需要遵循的原则是保障充足，足以覆盖人生现实的负债和未来的责任即可。

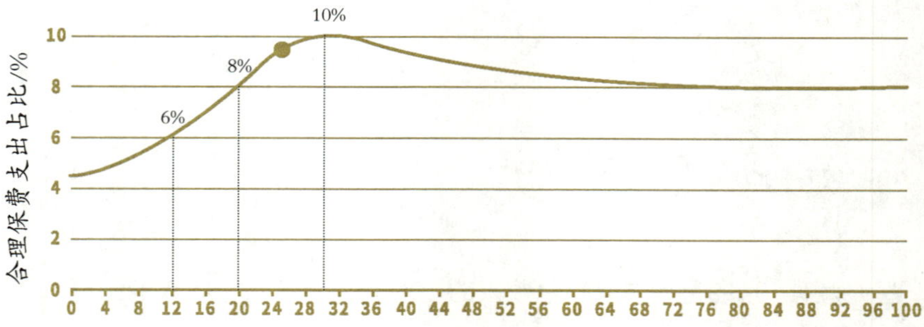

四口之家，一年如果拿出七八万元来买保障，每个人的医疗保额可以过千万了，寿险和重疾也可以配得极为充足。

真正要付出多少保费的比例，我们比较推荐的是随家庭收入先升后降的比例曲线。它有一点像数学上的逻辑斯蒂增长模型（Logistic growth model），又称自我抑制性方程。这是我们根据数万个家庭的经验数据，得出的——核心家庭最优保险预算曲线。

从上图可以看到，对于年收入 30 万元的核心家庭（不算祖辈），一般的保费支出是 10% 左右；而年收入 12 万左右的核心家庭，保费支出不应超过 6%。

根据这个曲线，再结合保障需求，及匹配千变万化的保险产品，最终的方案可能有无穷多种，从中选择出最优配置，是一个类似阿尔法狗的工作。

◆ 4321 原则

现在又流行一个更具有表面科学性而且大有来头的中型忽悠，就是所谓的标准普尔核心家庭配置建议——4321 原则。

我去做了一些海外搜索，并没有搜索到原文。姑且先当它是真的。

4321 原则，指的是一个家庭的资产，10% 放在灵活的现金供日常开支；20% 去为家庭购置保障；30% 放在增长性投资上，去投资各种股票，希望资产的高成长；40% 放在相对稳健型投资比如保本理财下面，来帮家庭实现固定的目标，比如实现家庭的养老金、教育金。

乍一听，既完善又科学，细想全然不是那么一回事。

如果一个年收入为 5 万元的低收入家庭——假设这个家庭资产约 50 万元——一定要把 10% 放在现金，这显然是一种资源浪费。到底放多少，其实要根据家庭的支出，有维持三个月到半年日常生活开支的现金即可。

至于 20% 放在保费的支出，显然已经超高。重点分析后两个比例。

根据我们的经验，每一个家庭应该按照优先次序，先按自己的家庭目标来做配置，然后根据风险属性，再看多少放在保本理财，多少放在相对激进的投资上，通过控制整体风险来达成目标。如果连这项工作都没有完成，理论上你放在高风险投资上的资金应该是零，不要说三成了。

一个家庭的最终“资产配置”应该是怎样的，根本就是一个灵活变量，须慎重求解。

在中国，年收入5万元到年收入500万元的人群都说自己是中产阶级，4321原则适合哪一类中产呢？当然，这可能是标普根据全球、尤其是发达国家白领的平均水平做的一个经验数据。假定是这样，机械化地把它引进来，并不适合每个家庭。

我们不反对用这种简单的概念引发理财思考，但千万别以为，按这个标准就万事大吉。

2017年7月13日

13 普通人买保险常陷入的误区

◆ 误区一：关注产品多于需求

很多朋友总是希望快速得到答案，如应该怎么购买产品，自己购买的产品或者代理人推荐的产品好不好？有的更加直接，孙老师，你文中所提的产品是哪家保险公司的？

我理解大家的心情，我们的理财师也愿意帮大家分析保单，但是如果不了解你的财务状况、生活负担，对未来的追求，没有这些基本情况的信息，我如何确保开出的“药方”是适合你的呢？

朋友们为什么会关注产品多于关注需求？我曾经在保险公司做过精算、担任培训、销售管理等多个部门的负责人，深深感觉到保险行业有不可推卸的责任。

保险行业的培训系统为提高销售业绩，往往是以产品为导向，常常将产品包装成不同的套餐，直接下达任务，强化销售话术。强调多年的需求导向往往只是“传说”，或者只存在于极少数的优秀代理人身上。

现在的家庭，只要一买房，谁家的负债不是几十万，乃至上百万。但是我看到很多朋友的寿险保单，保额只有 10 万—20 万元。这能解决家庭的什么问题呢？只能说聊胜于无。问起他们，为何一家之主保额这么低，他们说："朋友推荐的产品，大家都说不错，没有想过还要考虑自己的需求和负债。"

这样草率买产品，危害更大，你以为自己买保险了，可以高枕无忧，其实你的保障远远不够。

我只能说，你买的不是保险，只是一个"心理安慰"。

◆ 误区二：关注孩子多于家庭支柱

这的确是为人父母的一个普遍现象：

没孩子之前，享受当下，想不起保险；

有了孩子之后，只想到孩子，又忘记了自己。

究其原因，还是保险公司产品导向的问题。保险公司吃死了"育儿"这张牌，推出各种各样的针对孩子的保险套餐，满足了父母"给予"的欲望。打着"教育金险"名义的保险，远远解决不了教育的需求；打着"儿童重疾保障"套餐的产品，有的只保到 25 岁，直到现在我也觉得很奇怪，这种产品设计的原理是什么？

当然，还有客户的原因。大家忘记了一个简单的事实：孩子生病，如果父母的收入较高，即使不买保险，也不见得是灭顶之灾；如果家庭支柱的收入永久中断，则万事休矣，孩子的保费都交不起。你们想想，应当首先考虑谁的保险呢？

误区三：说到财务分析就退避

买保险是消费，家庭财务分析是自我剖析；有的朋友敢于消费，却不敢面对自己。理由很多：钱少、家庭资产单一、隐私等等。

根本原因，大家还是不清楚，理财的第一步是明确需求，是诊断家庭财务“健康与否”，而非“开药”。

市场上大量的声音都是让你“有保险意识”，“要买保险”，然后直接销售保险产品。中间其实存在一个巨大的“逻辑空档”：为什么要买保险？买保险是为了解决什么需求？如何了解客户的需求，真正帮客户解决问题？需求了解清楚了，才能推荐相应的产品。所有这些问题，都需要耐心及专业知识，不能只套用几句简单的销售话术。

回到之前所说的“家庭保障之母”：家庭支柱的寿险保障。除了了解负债、教育需求、日常刚性支出，还要了解目前已经积累的流动资产，这是保额的一个扣减项。扣减之后的家庭责任还要按夫妻双方的收入占比，进行分摊，才能分别确定保障的需求。

仅仅是确定一个寿险保额，就要了解这么多的资料。如果你不敢面对自己，翔实地提供家庭财务信息，直接就询问产品，就好像去医院，不让诊断，直接命令医生：“别废话！给我开药吧！”我们总是在抱怨，医生给病人的时间太少，为什么在面对理财师时，你又这么着急？

当然，如果你是一个极其注重隐私的人，就需要自己来测算。我的一个师弟，在听完我说的原则后，自己给家庭做了一个需求分析，设计出了不错的保障方案。

有学习精神，也是可以做到的。

14 保险科学配置之12字口诀

科学配置保险的原则，我把它总结成了一个 12 字口诀：

保障充足、性价比高、重在当下。

◆ 保障充足

包含两层意思（基本含义和延伸含义）：

第一层意思，要梳理出现阶段所有影响家庭财务目标的风险点，并且准确计算出这些风险一旦发生，对家庭财务影响的具体金钱数额。

以一个四口之家为例，爸爸妈妈是家庭的主要收入来源，也是家庭支柱。父母身上有欠银行的房贷、车贷，要为孩子准备教育金，还要每个月支付家庭开支等等，这些都是父母的家庭财务责任。

如果其中一方的收入中断，家里的生活条件就要大幅下降，如果房贷没法还，家里住房条件可能会下降，孩子可能无法接受基本的教育。

我们需要把这些风险点都梳理清楚，准确地算出，如果这类风险发生，需要多少钱去弥补影响，才能知道我们需要购买多少保额的保险。这就是保障充足的第一层意思。

保障充足的第二个意思是，家庭财务状况不断变化，以前充足的保障可能现在已经不再充足，需要定期检查自家的保障规划，是否应该补充或者调整，重新达到充足状态。

最常见的情况是，比如家里生了第二个孩子，父母养育和教育孩子的责任就会立刻增加，又或者是换了更好的住房，房贷增加了，这些都会导致原有的保障不再充足，需要根据实际变化去补充保障。

保障充足的延伸含义，我称之为“安全余量的充足”。

安全余量，来源于金融学上的一个名词——safe margin。

现在市面上许多重疾险产品，在保额、年限等基本条款上差别不大，但收费不同的基础就在于安全余量保障上的设计不同，比如说多重给付，就有双重、三重、五重等区别，还有覆盖的重症种类多少、早期重疾赔付、轻症豁免等等。

有人可能会提出疑问，多重给付的意义大吗？我还能生三四次重疾？

人类寿命不断延长，医疗水平逐年提高，重疾治愈率也越来越高。我们想象一下，一个家庭支柱在重疾高发的 45 岁，不幸罹患重疾，又幸运地治愈后，他的人生责任依然很大，却无法再次购置重疾险了。这是多么令人惶恐的事情。

如果预算充裕，安全余量当然应该留出。

◆ 性价比高

包含两层意思：

第一层意思很简单，在同样保额的情况下，尽可能降低保费支出；

第二层意思比较复杂，是指在科学的预算指导下，尽可能地去提高保障的充足度。注意，保障的充足度，不仅仅是指保额的高低，还包括保障范围、保障期限、赔付次数等多方面的维度。

◆ 重在当下

一句话解释就是，要首先解决当下的问题。

经常有人问我这么一个问题："我现在就算买了保险，通胀这么厉害，二三十年之后，这点保额怎么够用啊？既然不够，我为什么还要买？"

这是一个错误的思考方式。对于成长中家庭来说，当下才是最需要保障的时候。

小明同学今天新买了房，当起了房奴，那他如果马上发生风险，收入中断，对家庭的财务影响，显然比 10 年以后要大。因为 10 年以后，欠银行的债务比今天要少得多。

我们用同样的眼光，看待整个人生。你会发现人生中大多数的财务风险，都像当房奴一样，集中于上升期的成长中家庭。我们当下身上同时担负着孩子教育、自己养老、父母医疗等各类责任；二三十年后，父母离世、房贷车贷还完、孩子独立了，我们身上的财务责任将会减少。

当下才是家庭财务最脆弱的时候，也是保障需求最强的时候。

15 核心家庭成员如何买对保险

所谓核心家庭成员，指的是夫妻二人及家中未婚的孩子。在中国社会，一般为三口或四口之家，“三胎”放开后，未来可能会有不少五口之家的核心家庭。

对于成长中的核心家庭而言，真正能应对风险的险种是：重疾险、寿险、医疗险和意外险。

◆ 家庭支柱的寿险保额

作为家庭主要经济支柱，成人保险应该优先于孩子。

毕竟，如果家庭经济支柱不倒，孩子的健康还有成人收入作为最后一道保障防线。如果家庭的经济支柱垮了，就只能依靠外界援助了。所以，家庭支柱购置保险，才是家庭保障中的第一道保障防线。

家庭支柱购买的第一份保险，应该是狭义的寿险（因任何原因的离世就能获得理赔的保险）。

首先要给家庭支柱买保险，不是因为TA容易出险，而是因为TA一旦离世，会中断家庭收入，导致家庭财务瞬间坍塌。

家庭支柱就是，他挣的钱，不光自己花，别人还得花，而且别人花的比例还比较高。往往这些必须给别人花的钱，就是家庭支柱身上必须承担的责任和梦想。所谓买保障，就是要保你身上的责任和梦想。

举个例子——

一个月挣两万块钱的网站开发人员，太太在家全职，他一个月收入主要花在哪儿？自己最多花三四千元，其他都花在哪儿呢？5000元还贷款，孩子生活和教育花3000元，家用花5000元。最后剩下3000元存起来，存起来为了啥？可能给孩子将来上大学用，也可能是自己和太太养老用。

现在问题来了，如果这两万元，出于我们不愿意面对的原因，拿不回来了，自己那三四千元可以不花，孩子生活和教育、家用还是要花的，房贷要还，孩子将来上大学的钱和太太未来养老的钱，也是要准备的。

并不是要强迫大家都去承担以上所有责任，但你想承担多少？就是我们在计算保额时需要考虑的。

如果你都想承担，我们计算家庭支柱寿险保额时，就要考虑这些因素：

欠银行多少钱（贷款余额）

孩子未来的教育金估算

约五年的家庭支出（你也可以预算到孩子独立那一年）

太太未来养老的钱（看你自己想承担多少年）

这就是家庭支柱身上的收入责任，也等于寿险保额。

家庭支柱可能不是一个人，如果夫妻双方都工作，以上寿险保额要按两人的收入比例进行分摊。

非家庭支柱的寿险，从保障角度而言，不是刚需。

如果你从遗产的角度看，想留下一笔钱给孩子，则另当别论。

◆ 家庭成员的重疾险

重疾险是家庭保障规划的必选项，也是最重要的险种，重疾险在家庭保费结构中占据的比例最大。

重疾险的保费主要是根据投保人的性别、年龄，以及附加的保险责任种类来设置的。通常来说，年龄越小保费越便宜，同样年龄的男性比女性的保费贵，这也是重疾险最好在年轻时买的原因。另外，附加的保险责任越多就越贵，比如兼顾各种衍生的保障责任，比如轻症豁免、重疾多重赔付等等，有这些保障的产品比没有的要贵一些。

家庭成员里，配置顺序也有轻重缓急，原则是成人的保障应该优于孩子，家庭经济支柱的保障优于其他成员。

我们一般推荐的重疾险：一种是定期的，另外一种是保终身的。终身型的保费比定期贵。

定期重疾险一般保障期为一个固定的期限，保到固定的年龄。从承保之日起，保20年或30年，或者保到60岁。无论如何，多一天保障就失效了，就算没有理赔也不能返还保费。这种重疾险一般都比较便宜。

终身型重疾险为被保险人提供终身保障，但是它的保费比定期型的贵很多，因为罹患重疾的风险随着年龄的增大而增加。由于这类产品一般都有寿险保障，保额是一定会拿回来的，也就是说，这类产品会有一定的储蓄功能。

重疾险是一个同质化非常严重的险种，全世界范围内各家公司的产品都差不多，无非是疾病种类到底是59种还是63种的区别。

当然，承保的种类肯定是越多越好，但差的那几种病往往是患病率极低的那些，不用过于执着。

购买重疾险之前，你应该先"定保额"，你准备花多少钱治疗重疾，或者某种病的治疗平均费用大概是多少，以及在治疗重疾期间你本来需要承担的家庭生活责任部分支出。

举个例子，假设是癌症治疗，如果用"常规手段手术 + 化疗"治疗癌症，起码要准备50万元以上；如果想尝试最新的治疗手段，则要准备100万元左右。

定好保额后，你要开始制定预算。同样的保额，预算相差是很大的。

如果你有足够的财务资源，当然是买保障终身的重疾险。

如果预算没那么多，但又想买够100万元保额，可以用定期重疾险来补充。

每个人的保障需求不断变化，所谓保障充足，是一个动态变化的过程，主要变化的依据是你的钱包和外界环境。（对保障充足的详细论述，请看文章14）

总而言之，重疾险是家庭保障的标配，还没配置的请赶紧配置，已经配置了的，请根据家庭去年经济收入情况，重新评估是否保障充足。

◆ 家庭成员的医疗险

重疾如果发生，对家庭财务影响最大，但发生概率最低；门诊医疗发生概率最高，但对家庭财务影响最小。介于中间的就是住院医疗，发生概率不算太高，但随着医疗成本的上升，对家庭财务的影响越来越大。

住院医疗保险：以住院发生的费用为补偿对象的保险产品。根据产品不同，覆盖的费用包括以下费用的全部或者部分：如住院床位费、住院的医药费、手术相关费用、医生会诊费、巡房费、ICU（重症加强护理病房）费用等等。发生住院的原因，既包括疾病也包括意外。

住院医疗保险，随着年龄的增长，费率会有所变化。孩子贵，年轻的成人最便宜，随着年龄增长，又越来越贵。

挑选医疗保险要注意的问题：

1. 治疗用药范围（包括器械、治疗方法）是否有限制。购买商业保险一定要覆盖社保用药名录之外的治疗费用，否则就起不到补充社保不足的作用。

2. 是否保证续保。住院医疗险都是交一年，保一年的，最亏的就是缴了很多年的钱都没有生病，等到开始生病了，结果保不了几年，你交钱保险公司都不让你续保了。购买时要注意看条款：什么情况下保险公司不续保。当然，能找到终身保证续保的住院险，才能真正起到保障作用。

3. 关于保险额度。一般的额度有两种计算方式：按次计算或按年计算。按次计算意义更大。谈到额度还要看报销比例和免赔额，如果从保障充足角度，一个理想的标准应该是：每次住院的报销额度 2 万—3 万元，最好没有免赔额，报销比例百分之百。但是国内保险目前还达不到理想标准，百万医疗险也做不到。

近年来，国家对全民医疗非常关注，各级政府直接或间接介入的“惠民保”类保险，是对住院医疗险的一个补充。

住院险与重疾险是不矛盾的，真的患了重疾，重疾险是一次性给你应急资金，不会被突如其来的住院押金、治疗费用弄得措手不及；住院险还可以解决住院费用的问题。家庭财务不会因为某一个成员患重疾而遭受巨大的影响。

◆ 意外险和旅游平安险

意外险因为保障范围比较窄，所以价格比较便宜，它只能保障因意外伤害导致的身故或者残疾或者医疗。

意外伤害指的是并非被保人本意的、外来的、突发的、非疾病的伤害事故。

现在很多意外险，不仅保障意外身故，也保障意外伤残和意外医疗，有时还会对交通意外等特定场景进行加倍赔付，经常外出的朋友，或者缺乏自我保护意识的小孩，都可以配置。

这些险类都很便宜，建议成年人匹配自己的寿险保额的 1—3 倍的意外险；孩子的意外险，尤其意外医疗是刚需。

16 老年人保障不够怎么办？

有朋友问我，对于老年人的医疗储备问题，有没有像解决教育金、养老金那样的完美方案？

我的答案可能会让你失望，超过一定的年龄，可以选择的空间已经不大，就更不可能存在完美方案。

◆ 基本款——国内常见综合性医疗保险

正常情况下，医疗资金的储备，大家首先想到的当然是买商业保险对社保进行补充。国内市面上有很多打着针对老人健康医疗旗号的保险产品，需要具体分析。

我们先将国内销售的老年人可购买的医疗保险分成几类，进行评述。

第一类：重疾险

重疾险本来属于个人必须配置的产品。但面向老人的重疾险普遍保额不高，如果保终身，保费相当高，有保费倒挂的可能。

如果是消费型的重疾，普遍可续保的时长不够。比如说有些重疾的保额仅仅几万，也需要每年保费数千元。

你交的保费超过了理赔重大疾病的金额。比如父母现在已经五六十了，交十年的保费，比保额还高。

还不如把这保费存起来，将来真的父母得重大疾病，至少有笔储蓄。这种想法搏的是，这十年里父母不生病，但这又违背了保障的基本原理，形成了悖论。

第二类：报销型医疗险

这可能是老人最需要的产品，每次住院时都能够把医保或者单位不报的部分报销掉。

这类产品在国内普遍存在两个问题：

第一，承保的年龄限制比较严格，一般要求55岁或60岁之前必须承保，且最多续保到65岁或70岁。市面上到65岁之前还能投保，且能够续保到80岁的医疗报销险，屈指可数。

第二，对老年人健康告知要求特别严格，只要有既存病就不能投保，或者既存病必须排除在承保范围之外。但是老年人很少没有既存病的，投保初衷也往往是希望针对既存病获得保障。

报销型医疗险跟重疾险一样，存在投保年龄限制、普遍只能续保到65—70岁、价格相当昂贵等问题。

近年来，有一个可喜的变化，地方政府或社保机构主导，多家保险公司推出了“惠民保”类的产品，对老人的承保条件非常友善，除了既存病不保，其他都可以承保，而且保费相当低廉。家有老人，可以去查询当地政策。

第三类：一些专门险

比如意外医疗险，也就是老年人防摔伤、防跌伤、防骨折的险种，还有为了降低重疾险的成本，从重疾险精简而来的防癌险。

不能说这些保障没有用，但保障范围太狭窄，保险费用虽然低，但不能解决根本问题，起不到全面保障的作用。

综上可以看出，老人医疗保险需要从四个维度来考量。

承保年龄限制

续保年龄限制

健康告知要求

保费价格

◆ 进阶款——用理财配置代替保险

如果市场找不到更好的保险产品，就需要换一个方向思考老人健康保障的问题。

我建议为老年人的医疗保障建立一个家庭专属健康基金，以防范未来大额医疗支出可能对家庭财务造成的影响。

比方说父母 60 岁退休，福利不好，没有充足的医疗保障。除了让他们加强锻炼、做定期体检外，同时要定一个规划目标。

假设是75岁之后开始进入医疗成本的支出期，目标终值是100万元的医疗费。

那么从现在开始，有15年储备时间。选择不太高的风险匹配配置，假定收益率大概是7%—8%，一个月你就要存5000—6000元。按照这个配置，到了老人75岁可能就有了100万元的资金储备，可当作之前保障的补充。

多一个老人就得多设置一份。

如果家里双方父母四位老人都需要做这样的计划，建立四个账户的压力会非常大，不如建立一个公用账户，针对每个老人的目标金额稍微缩减，整体数额增加。

好处是，这笔钱并不像购买保险的资金，需要专款专用，它有灵活性，急需时可以适当挪用。

用理财代替保障的模式，比较适合我们的国情现状，不失为一个好办法。

17 保险理赔真的很难吗？

很多朋友投保时会担心，新闻里经常有保险拒赔的案例，会不会买时容易赔时难？

不得不说，这中间有很大的误会。狗咬人不是新闻，人咬狗才是新闻。正常理赔不是新闻，“拒赔”才有新闻价值。

数据显示，现在大陆保险拒赔率仅有 3%，就是说，100 单理赔申请中，平均只有 3 单会被拒赔。

◆ 投保必须如实告知

大多数拒赔原因，都是投保时出现了问题。

投保人故意或者因重大过失未履行前款规定的如实告知义务，如果足以影响保险公司决定是否同意承保或者提高保险费率的，保险公司有权解除合同。

——《保险法》第十六条

所谓“解除合同”，就意味着这张保单不再具有保障作用。

如实告知，是指投保时，保险公司在纸质、电子投保单或其他相关文件中，向投保人索取的相关信息，投保人必须全面、真实、客观地回答。如果隐瞒既存疾病，会导致未来保险的拒赔，甚至解约，可能连保费都无法退还。

因不如实告知引发的保险拒赔，有时并不完全是出于投保人个人的意愿。个别保险销售人员与客户沟通的时候，为了尽快让客户投保，往往有意无意隐瞒某些应当如实告知的要求，投保人往往也没有认真查看投保文件，或者根本就不了解保险知识，最后导致理赔纠纷。客户和保险公司都可能遭受损失，保险销售人员也需要承担相应的法律责任。

如今，在互联网保险兴起的大环境下，“如实告知”更为重要，因为你的一切行为都有迹可循。在互联网上投保时，每一个投保人对被保险人的身体状况信息都要进行勾选，互联网有记忆，如果隐瞒身体状况，保险公司后续追责更加容易。

◆ 如实告知后的核保决定

大家可能会有这种担心：如果如实告知，保险公司可能就不愿意承保，或者加费，我的权利是不是受到侵害了？

真实的情况恰恰相反，如实做好健康告知，是对保障利益的最大保护，能最大程度地避免发生理赔纠纷。

身体不健康的人相对于健康的人群，出现赔付的机会更多。保险公司对风险高的人，承保条件当然要更加严格；对风险低的人，承保条件相对宽松，这才是相对公平的，也是得到法律保护的。

现代人的生活压力普遍比较大，大部分都有点小疾病，保险公司对这类人群，也不一定会每个都拒保或者加费承保。在人工智能的时代，很多公司都推出了线上智能核保功能。这类带病人群，完全可以通过智能核保功能，得到相应的承保条件。

带病人群会得到哪几种核保决定：

第一种是正常承保。

当保险公司认为被保险人虽然身体稍有不健康，但是风险不高的时候，就会按照健康人群的标准予以承保，这叫“正常承保”或“标准体承保”。比如最常见的女性乳腺小叶增生一级或二级，如果没有并发其他疾病，很多公司都会正常承保。

第二种是除外。

除外，指针对被保险人的既存疾病和相关疾病，保险公司不予承保。比如甲状腺结节，如果体检报告日期和保险公司承保决定日期之间，没超过半年，而且结节的大小不超过 1.5 厘米，大多数保险公司的智能核保会给出甲状腺癌除外的承保决定。

第三种是加费承保。

加费，指的是在保险责任、年龄、保额与健康体相同的情况下，保险公司针对某些带病的被保险人承保费率会有所提高，加费的比例有可能是

10%、20%，甚至50%。

有几种最常见的情况，保险公司基本都会作出加费的决定：

被保险人过度肥胖；被保险人有高血压，但收缩压不超过150，舒张压不超过90等。

如果未来，被保险人的身体状况改善，可以让保险公司再次核保，非常有可能会得到一个更加优惠的保费。

第四种核保决定是延期投保。

“延期投保”这种决定常见于治愈之后没有后遗症的急症。孕期妈妈也常出现这种状况。若准妈妈怀孕到第八个月，保险公司经常会要求她们在分娩后两个月再来投保。

第五种核保决定是拒保。

当保险公司认为该被保险人风险太高，无法承保时，往往会做拒保的决定。

投保人和被保险人有双向选择的权利，被一家保险公司拒保，并不代表会被所有的保险公司拒保，有些保险公司的承保条件太苛刻，我们完全可以换另外一家公司继续尝试投保。

附：买保险前需要问自己的问题

1. 谁是家庭的主要收入来源（家庭支柱）？
2. 买房买车还欠银行钱吗？欠多少？（负债）
3. 家里每月维持目前生活品质，最低开支多少？
4. 你打算供孩子读书到什么阶段？（本科或硕士？）
5. 你打算送孩子出国念书吗？
6. 还有别的生活负担吗？例如赡养老人
7. 每个月的可支配收入多少？结余多少？
8. 家里成员的健康状况如何？

视频｜家庭保障规划介绍

第三章

养老金：没有人给你埋单

18 明明有社保为何还要自己存？

2021年上半年，很多人都嗅到了未来可能面临的养老危机。

从个人养老金制度初步思路形成，到延迟退休原则的确定，再到“十四五”规划提出“发展多层次、多支柱养老保险体系”，让很多从未关注过个人养老问题的80后、90后，骤然被按头狠狠科普了一番。

很多朋友还是不理解，为什么有社保，国家还要发展第三支柱养老保险，让我们自己存退休金？下面，我就从主导者、给付方式、税制等方面拆解个人养老问题。

◆ 按主导者划分：三大支柱

第一种拆解方式，就是我们现在最常听说的养老保险体系“三支柱”。

第一支柱，是由政府主导的基本养老保险，包括城镇职工养老保险和城乡居民养老保险。这是最基础的养老保障，特点是广覆盖、低待遇。

第二支柱，是企业主导的企业年金和机关事业单位主导的职业年金，个人也出一部分钱。

第三支柱，是完全由个人主导的个人养老金制度，包括个人储蓄性养老保险和商业养老保险等。

为什么会存在三大支柱的划分？

从世界各国的养老实践来看，一开始，大家都怀揣着只要国家统筹就能解决养老问题的美好梦想。后来发现，国家统筹的方式最终都会成为财政的转移支付手段，甚至，现在很多国家的社保都被纳入税负中。

国家要想有钱支付养老金，就需要强制收取社保费用，相当于收税。既然是强制性的，就必须广覆盖。

问题来了，社会养老保险的费用，只能向在职人员收取，真正要花这笔钱的却是退休人士。随着人口结构的变化，老年退休人士越来越多，社保的收支体系会越来越难以为继。

美国在二战后的1946—1964年，迎来了婴儿潮，这段时间出生的人口占美国人口近三分之一。之后几十年，美国拥有大量在职工作人员，社保积存基金大幅上升。

可是，当一代人，甚至连续两代人都是低出生率，甚至人口开始负增长的时候，会出现什么问题呢？

做个极端假设，假定原来市场上有90%的人在职，国家向这90%的人收钱，只需要养10%的人；随着人口老龄化，可能会过渡到只有10%的人工作，却要靠他们的钱养90%的人，这时候仅靠第一支柱怎么可能撑下去呢？

第一支柱必须有，但一定不可能成为我们这一代，或者80后、90后未来的主要养老供给。

正因如此，我们国家在十几年前也从国外引入了第二支柱的策略。

20 世纪六七十年代，很多国家经历了和我国类似的人口结构变化。当时，很多企业推出留才计划，往往容易获得政府的免税福利。

企业按照一定比例，将原先的某一部分可能是要发给员工的当期工资，变成了储备在员工长期养老金计划中的一部分钱，个人也可以往里面补充，再把这部分钱交给有资质的机构管理。这部分钱并非现在使用，而是以后养老的时候再拿出来，所以不用纳税，这就形成了企业年金制度。

我国的企业年金制度，到现在已经推行了十几年，但覆盖面极窄，原因就在于这些问题没有理清楚：

企业这一部分费用能不能免企业所得税？

个人缴费部分能不能免个人所得税？

税局会有多大损失，会不会引发逃税风险？

有没有可能滋生腐败？

…………

这些复杂问题需要多个部委参与讨论，容易导致长期的议而不决。即便最终决定下来，可能也仅有少量国企，或是机关事业单位能够实行。大量的民营企业员工，很难享受到企业年金的相关优惠政策，即便能享受也需要提前层层审批。即便在推行得较好的国家，随着经济周期波动，很多企业被市场淘汰，难以长期负担这部分支出。

除此之外，每个人的职业生涯都可能面临变动，未必能长期在同一家公司就职，也不是所有公司都建立了企业年金制度。若跳槽了，原来的年金个人账户如何处置？如果新公司恰好没有企业年金呢？这一系列问题，都会导致第二支柱先天不足。

所以，解决养老问题，需要建立起第三支柱。或者说，由个人来规划养老金才是终极的解决办法。

◆ 按给付方式划分：DB 与 DC

目前，在各国养老金类型中，就给付方式来看，可以基本划分为 DB 型和 DC 型（或者两者的混合模式）。

DB 型即确定收益型 (Defined Benefits)

DC 型即确定供款型 (Defined Contribution)

理论上，三大支柱养老金都可以做成确定收益型或确定供款型。

确定收益型（DB 型），是由养老金计划发起人（如保险公司）作出承诺，保证按照事先约定的收益，给参与者发放养老金。它最好的一点，是可以活到老，给到老，能够全方位匹配我们的生命周期。但是，随着经济条件的变化，尤其是通货膨胀、投资市场波动，DB 型计划很难跟上经济形势，战胜通胀。通货膨胀又是客观存在的，DB 型计划要想持续战胜通胀，就会导致原来的定价基础每年都需要调整，加重保险公司或国家的负担，甚至导致破产。

如果采用 DC 型来规划养老金，参与者可以基于自己的预期目标，即退休后想要的生活品质，推算出每个月需要固定缴纳的额度，匹配到资产配置上，这样可以战胜通胀，但是风险自担。这种模式的典型代表就是美国的 401k 计划（企业养老金计划），属于第二支柱；当然，美国的第三支柱，个人退休账户（IRAs），也可以用 DC 型计划来慢慢储备。

401k 计划是指美国 1978 年《国内税收法》新增的第 401 条 k 项条款的规定，1979 年得到法律认可，1981 年又追加了实施规则，20 世纪 90 年代迅速发展，逐渐取代了传统的社会保障体系，成为美国诸多雇主首选的社会保障计划。401k 计划是一种由雇员、雇主共同缴费建立起来的完全基金式的养老保险制度。相当于中国的企业年金。

目前，国外的大趋势是 DC 型占主流，但 DB 型不会消失。DB 型虽然不能战胜通货膨胀，但可以防范“人老没钱”的长寿风险。谁也不知道未来人类能活多长，DC 型和 DB 型共存，有其必要性。

◆ 按税制划分：是否免税

一般而言，第一支柱的基础养老保险金一定是税前列支的。其中企业缴纳部分社保费，可以作为用工成本，抵扣一定的企业所得税；而个人缴纳部分免征个人所得税。

第二支柱企业年金则不一定能获得税优政策，企业年金到底能在多大程度上规避企业所得税？如果免税额度太高，企业容易非法逃税，比如把钱发给高管，相当于税源流失；免税额度太低，又没有什么吸引力。所以，现在企业年金制度仍不完善，难以推广。

第三支柱个人养老金，现在讨论的重点是，如何让个人养老金享受税收政策？养老金有很多种税收模式，税收会在三个阶段产生。

第一阶段：缴费阶段。我们每期固定缴纳的费用可能要先扣税，再存入个人账户，也可能直接免税。

第二阶段：投资阶段。我们积累的养老金所取得的投资收益也有收税和免税之分。

第三阶段：领取阶段，道理同上。

我们用 E（Exemption/Exempting）表示免税，T（Taxation/Taxing）表示收税。

大家可以算算，2 的立方是 8，因此养老金根据税收模式划分，理论上也可以有 8 种类型：EET、EEE、ETE、ETT、TEE、TET、TTE、TTT。比如，EEE 就是三个阶段全免税；TEE 就是第一阶段纳税，后面全免。我们未来的个人养老金制度到底会用什么方式呢？如果是 EET，就相当于延迟交税，就是当期账户收入不纳税，收益也不纳税，但将来领养老金的时候要交税。晚交税也是一种优惠，这是鼓励我们个人储备退休金、提高储蓄效率的一种策略。

◆ 岁月不饶人，养老规划不能等

我们是不是非要等到含税优政策的个人养老金制度出台，再去准备个人养老金？

我最担心的是，现在热炒要出台政策，要通过税优方式鼓励个人筹备养老金，大家看到消息就去等，最后耽误了做养老金规划的时间。

要知道，企业年金制度从 2007 年、2008 年推行至今，覆盖面依然极小。

如果历史重演，个人税优政策迟迟未能落地，即使出台了，经营许可范围仅限于几间国有保险公司，其他公司都不允许进场，可能依然无法惠及普通人。

就算搞清楚什么是三大支柱，什么是 DB 和 DC，什么是税优政策，我们也还只停留在理论探讨的层面。

要想成为真正的实践派，我们应该这样准备养老金：

第一，基于预期寿命、家庭负担、医疗费用、退休生活品质需求，制定养老金目标；

第二，基于目标，以第一、第二支柱为基础，补充储备个人养老金；

第三，储备过程中，尽可能利用税收优惠政策。

学习固然可以让我们制定方案的过程更为透明、理性，但这一定替代不了积极行动。

2021年3月19日

19 养老金年年涨不是好事？

2021 年 4 月，人社部和财政部印发通知，明确今年养老金将按照 4.5% 的平均幅度上调，这是我们国家的养老金连续第 17 年上涨。与此同时，关于“养老金发放压力大”的新闻又隔三差五地冒出来。

很多朋友都纳闷，不是老说养老金将来会不够发吗，怎么每年都在涨？

既然养老金都 17 连涨了，以后还用担心养老问题吗？国家一定会为养老兜底吧？

我给大家泼泼冷水。有这种想法的朋友，还是太年轻。现在老人的退休待遇好，一定等于我们未来的退休待遇好吗？答案显然是否定的。

大家不妨看一看日本。二三十年前退休的日本老人，生活水平是很好的，那时正赶上日本经济发展的黄金周期。近些年的日本老人呢？有相当一部分，要么不能安心退休；要么退休之后，在家里孤独死去。

只要人口红利没有过去，社保养老基金余额就还会上涨，因为大家都在努力工作交社保，退休人数还没有达到顶峰。一旦情况扭转，工作交社保的人越来越少，退休人数越来越多，超出这批正在工作的人的承受范围，就是社保养老金结余走向枯竭的时候了。

这就好比一道经典的蓄水池数学题：

假设有一个蓄水池，有3根进水管和5根排水管（每根水管大小一样），一边注水一边排水，求蓄水池完全排空的时间。

如果只同时打开3根进水管和3根排水管，水池水位就可以一直保持。

但如果3根进水管全部关闭，5根排水管全部打开，水位的下降将是迅雷不及掩耳的，水池马上就会排空。

这就是养老金“蓄水池”排空的基本原理。

为什么政府现在还要涨养老金，不省着点花呢？道理很简单，社保养老基金的管理者，更看重让当下的老百姓过得幸福。可以预估，社保养老金给付水平未来还会上涨一段时间，因为现在大家依然很努力，人口增长的拐点还没有到来，人口红利尚在，因此国家财政、国有资本划转也能兜得住底。

至于“2035年社保基金结余耗尽”，那是社科院的精算报告给出的预测[1]，最终到底是在2035年还是在2033年耗尽累计结余，跟现在的社保基金发放决策者没有直接关系。

可是，未来领取养老金的人，不是现在这批人，而是人在中年的你我。现在越是逐年提高养老金待遇，未来养老金耗尽的年限就越短。

朋友们醒醒，我们是要努力奋斗、靠自己养老的一代，千万不要给自己任何理由，在未来拖国家后腿了。那些一边为现在的退休金上涨欢呼雀跃，同时认定国家将来一定会为自己的养老埋单的朋友，简直是在用自己做伤害性实验，来当我们目前整个社会的高级黑。

---

1 见《2019—2050年中国养老金精算报告》，中国社科院世界社保中心。

20 30年后，房能养你吗？

如果要自己想办法解决养老问题，很多人首推房子。

房子到底能不能养老，这个问题不能一概而论。我们作为第一代计划生育的一代人（以下简称“独一代”），依靠房子养老，是存在巨大危机的。如果依靠房子养老，不可能是“啃”房子这块硬砖头，而是必须套现。在我们退休时，我们的房子能不能套现，支付独一代的养老金？我们先看看，房子的收益会存在哪些风险，或者是不利的因素。

房子作为一种实物资产，它盈利与否，只和供求有关系。它不像我们持有的股票，可借以分析一间公司的发展和壮大，没有需求，房子就不能产生价值。房子需求的背后是什么呢？是人的行为风险。

在中国，独一代和第二代计划生育的一代（以下简称“独二代”）之间，会存在巨大的行为差异。这就造成了房子本身不可避免的风险。

我们先分析独二代的行为模式。

第一，独二代一定不缺房子。从我接触的广州家庭来看，独二代长大后，平均名下至少有三四套房。

举个例子，如果夫妻双方都是70后80后的人，他们各自的父母起码会有一套房产，两个人结婚时会买一套房产，往往还会在婚后投资一套房产，在他们的名下至少有四套房产了。他们的孩子是独二代，他们的孩子走入婚姻殿堂后，如果找的另一半也是类似情况，他们的孩子组建的家庭名下，至少有八套房产。你认为他们还需要购买婚房吗？

第二，独二代将会面临中国一个经济长期低速成长的过程，这是不可避免的，凡是人口老龄化严重的国度，GDP（国民生产总值）的增长不可能再保持在7%、8%，以我们的邻国日本为例，能有1%、2%的GDP成长就不错了。我们的下一代，也就是独二代，他们的收入也将维持低速增长的水平，进行大宗的房地产采购是极为不现实的。

第三，我们的下一代是玩着智能手机，衣食无忧长大的一代，他们对当下的生活品质要求极高。

你们可以想一想，一个家里根本不缺房子，收入增长相对缓慢，对当下生活品质又要求很高的人，会像独一代那样，为一套房子背上沉重的负担，长期欠债来购买一套房子吗？不太可能。

一件悲催的事情发生了：当独二代成为购房主体的时候，独一代基本上将逐步进入养老阶段。独一代的主体资产都是房产。他们大部分人都不是公务员，无法享受公务员退休待遇，社保养老金又不能满足养老的需求，那靠什么养老呢？

可以想象，独一代中的大部分人只能依靠房子养老，如果想把房子变现，他们将面临的状况是：独二代对房子已经没有刚需。如果他们要强行卖房，只能在自己这一代人之间互相转让，这是一个有限的封闭市场，更是一种没有交易量的无量下跌。他们只有第二个选择，就是把房子租出去，来换得长期的养老金，但是当独一代做着这个梦的时候，他们又遭遇了中国经济发展的第二个问题，中国的城市化进程进入拐点。

这仅仅是城市化进程出现的拐点，早晚有一天城市化进程会出现顶点，到那时，即便是大家想在城市打工，也不需要长期住在城市里，因为在城市和农村之间，交通将日益发达，中心城市的居住不再具有绝对的吸引力。这种事情在日本早就已经发生。

日本20世纪80年代末曾经出现过举世闻名的市场泡沫。数据显示，从1985年到1989年，日本的房价几乎增长了4倍，但在1990年一夜之间跌回“解放前”。为什么会出现如此惨况？

首先，日本当时已经成为全球老龄化最严重的国度，日本人的平均寿命非常长，二战之后大家的生育积极性也急剧下降，到了20世纪80年代末人口老龄化爆发了危机；其次，日本是高铁最发达的国家，在20世纪80年代，日本的新干线成为标志性的工程。我们未来的境况与日本当年何其相似。

未来几年，中国房地产业的刚性需求不会大量减少，只要政策一放松，未购房的独一代一定会纷纷购房，中国的房地产业将逐渐走向日本20世纪90年代房地产泡沫破灭时的境地。

然后，如刚才所述的境况就会出现，随着独一代购房热的退去，独二代成为购房主体时，一切都会发生突变。这恰恰又是独一代前半场的人开始走向养老的时候。在此给独一代提个醒，如果以房养老，将会遭遇巨大危机。

2014年9月

作者注：这是我在2014年写的一篇文章，七年过去，主体的观点依然没有变化。但是重申一点，我并非劝大家不买房，如果是刚需，且你能确保家庭保障和养老、教育金等能够如期储备，我完全不反对你买房。但是如果你认为买了一套房，就能解决人生的所有问题，我就要劝你理性一些。

21 远离大多数人可能犯的错

◆ 先考虑孩子，多数家庭的选择

我们从一个真实的案例说起。来自北方某省的王先生今年 38 岁，太太 32 岁，孩子 1 岁，这算是一个典型的晚婚晚育家庭。先生刚刚开始进入创业的稳定期，月收入 1 万多元，太太暂时全职带孩子。

这个家庭找我们做理财咨询，希望能够综合看待家庭财务状况。他们有个高度统一的目标：孩子必须出国留学。

这个家庭本身的投资经验比较缺乏，长期理财的合理平均回报率为8%，教育金有 160 万元左右的缺口，准备的时间只有 17 年，夫妻每个月需要存 5000—6000 元。这对一个月收入只有 1 万多元的家庭来说，显然难以接受。

除了教育金，夫妻俩还咨询了养老问题。王先生考虑把退休年龄定在 60 岁，夫妻双方退休后维持今天两个人加起来 4000 元的生活品质。离王先生退休时间还有 20 多年，为了这个目标，一个月需要存 3000 多元。这对夫妻没有购买社保，如果购买社保，每月存的钱可能还会下降。

当两个目标摆在同一个家庭面前时，都按照 100% 的满足度开始准备是不现实的。夫妻双方平衡再三，毅然决定优先考虑孩子的教育金。至于养老问题，等到王先生事业稳定的时候再做打算。

这种选择结果是很常见的。在中国，当教育金跟养老金发生冲突的时候，毫无疑问，90% 的家庭会选择前者。

◆ 给自己存养老金，是给孩子最好的礼物

知乎上有一篇文章：《知乎网超万赞回答：中国真的有很多穷人吗？》其中有一段，让人十分唏嘘，讲述了一个中年男人长辈生病入院的经历：

1. 人间真有“地狱”，就是医院。

2. 因病返贫、因贫致死的太多了。我见过在医院里夫妻反目、父子成仇的。

癌症的很多特效药和进口药物，是不报销的。

很多手术中的费用也是不报销的。

化疗使用的药物和调节休养的药物，大多数是不报销的。

3. 钱真好。

这才是我们的孩子在未来不得不面对的负担。

以现在中国的养老体制改革，很多数据都告诉我们，养老缺口越来越大。如果要靠政府来解决人口老龄化下的巨大缺口，几乎不可能。当我们老去时，

正是中国老龄化极为严重的时候，社会发展将相对趋于缓慢，我们的孩子本身就处于低成长的社会，收入增长不见得乐观。当我们老去时，社保养老不足，生活物价水平却要比现在高得多，平均寿命也慢慢延长，这才是孩子在财务上不得不面对的窘境。

试想，若干年后，我们的孩子一方面要承担床前尽孝的身体压力，照顾我们的饮食起居，还要帮我们承担巨额医疗成本，弥补养老开支的缺口，我们情何以堪?

我跟太太达成共识，不在孩子大学储备问题上投入过多的资源，这是给孩子增加更多的负担。我们应该从孩子利益最大化出发考虑问题。我们这一代完全不考虑自己的养老问题，把自己的全部资源砸在孩子的教育上，有些资源可能砸得很不理性，往往是在攀比。等到耗尽我们家庭的资源，到了退休时，再去准备养老金已经晚了，所有的压力又转嫁给了孩子。

准备教育金跟准备养老金不是泾渭分明的。我们对待教育金的态度，不应当是：要么百分之百为教育金做储备，要么一点也不做准备。这不科学。

理财规划的过程，就是综合的资源和最终的目标实现平衡的过程。正如我们前面讲到的案例，这个家庭应当优先考虑养老，部分考虑孩子的教育问题，甚至可以从先让孩子在国内读大学进行规划。

随着事业的进步，我们可以将这些目标进行适当调整。当我们把所有的资源综合运用之后，可以看到“互相补位”会使人生更加从容。如果我们这样做了，往往会收到一定的效果。孩子的教育金可以向银行贷款，没有人肯贷款给一个风烛残年的老人，如果我们不恰当准备，一定会留给孩子沉重的负担。

22 全职妈妈，请像爱孩子一样爱自己

爱孩子，首先要爱自己。这还真不是一句鸡汤。

爱了自己，也就是爱了孩子。

有一次，我到街道去办事，前面排着一个和我年龄相仿的女士，她在咨询：我是一个全职妈妈，能不能把我的社保由过去的职工社保，转化为居民社保？工作人员非常负责任：一旦转为居民社保，想再转职工社保就难了，因为这是两套社保体系，你这么年轻，人生大把，最好还是搞灵活就业社保吧，好歹比居民社保多100多元。居民社保一个月才拿500多元呢。

这个妈妈眉目中有一丝忧愁：哦，那我就不转了吧。

回来后，这件事让我心中久久不能放下。在中国当今社会，从养老角度看，多100元，少100元，你们觉得对养老的影响有多大呢？为了这一两百，还要愁眉不展，真是让人心酸。

当一个全职的家庭妇女，脱离了正常的工作，没有了固定收入，甚至要考虑是用灵活就业社保还是无业的居民社保时，这种心头的不安来自于

对未来的不确定，对未来的没有把握。

理财规划师的角色其实很“残忍”，他要把人心中隐隐的不安，隐隐的伤疤，揭开给他看。

我们大多数人期许的是这样一种生活：

我们期待用三分之一的人生去工作，然后用最后的三分之一的人生，在保持生活品质的情况下，达致一种自由的状态。也就是说，我不希望用工作来牵绊我。有可能有收入，但不靠它去生活。

我们做一道简单的数学题：假定我们只有三分之一的工作时间，你活到80岁，用30年养30年。我们理所应当，要把小一半的钱储蓄起来，才可能达到这样一种状态。这不需要什么高深的数学知识。

社保养老的缴纳比例是收入的8%，单位缴纳比例约为20%。企业缴纳的部分被统筹，未来的收益不得而知，只有8%存进了个人养老账户。个人账户的收益是一年定期，跑输通胀。

如果想退休不影响生活品质，我们至少还要投入比社保多一倍的钱，而且要进行合理的资产配置，才有机会跑赢通胀，但最重要的还是要控制风险。

在中国香港、新加坡的快餐店，你可以看到，很多服务员都是颤颤巍巍的老太太，六七十岁了，还要端茶递水，我想她们这么做，绝不是因为爱好这份工作，一定是为了谋生。

她们当年没有为自己存够养老金，又不像国内可以领退休金，只能靠水果金和综援（即“综合社会保障援助”）度日。但是，仅靠这些只能维持相当低的生活品质，每月约两三千港币，买鱼只能买冰冻鱼，几天不敢买肉。近年香港开始对老年人实施乘车优惠，否则他们连车都不敢坐。

没有工作的全职妈妈，如果拿着五六百元的居民养老金，就只能过着如同以上所提到的香港老太太一样的生活，可能还不如。

希望全职妈妈都明白一件事情，全职也是一份工作，几百块的居民养老金肯定不够，应该理直气壮地要求丈夫给你提供财务资源，帮你准备一份独立账户的养老金，并买足保障。夫妻之间也应该划清金钱的界限。能白头携老当然是最浪漫的事，但我们的人生并非永远完满，用保守一点的策略，你最后的 30 年可能会更加有保障。

一个爱你爱家庭的男人，不会漠视你的需求。

2014 年 9 月 17 日

23 养老金规划的四个敌人

个人养老规划，真的把这件事给做透，就要考虑两大问题。

第一，钱从哪儿来，需要多少钱。

第二，到哪里去，哪里能提供养老条件。[1]

数据显示，过去200年以来，人类的平均寿命每10年长两岁。新中国成立后，中国人的平均年龄从40岁延长到现在的将近80岁，超出世界平均水平。

今年跟我同龄的40岁的人，未来有大部分能活过90岁甚至95岁的。这是一个大的祝福，也是一个大的诅咒。

我们到底需要多少钱？这个问题，直接跟养老的理财目标所要战胜的敌人相关。

1 文章24有详细讨论。

养老这个理财目标，需要面对的挑战最多。它跟买房子攒首期不一样，这个目标很单一；跟存教育金也不一样。

教育金的特点是时间刚性，养老金没那么刚性，实在不行，多干几年，晚点退休也行。

但是教育金规划面临的敌人不多，无非就是教育金的通胀和孩子有可能的教育路径变化，TA 想出国读博士，可能需要多存一点。

养老金规划，必然要面对三个常见敌人。

第一个敌人，就是长寿风险。我们不知道未来自己的寿命有多长，只知道人类的平均寿命会越来越长。现在是 70 多岁，未来可能是 90 多岁。

我们能直接按 95 岁的假设去存养老金吗？按你现在的收入，可能根本就不够存。社保是可以解决长寿风险的，因为它承诺一个人活到老给到老。但是未来年轻人越来越少，社保基金耗尽的危机始终存在，我在前面的文章（文章 19）已经讲过了，即使没耗尽，可能也满足不了你的需求。

解决长寿风险的金融资产只有一种——确定给付型年金。它以保险公司背后的精算原理来确定，任何一个投保人以后每年拿钱一直拿到他寿命终结离开世界的一天。这是唯一能够解决长寿风险的。那么，也就是说要进行养老规划，必须规划长期的确定给付型年金。如果没有规划这件事，没有算出来我要配置多少长期年金，就不叫作养老规划。

但长寿风险这个敌人，跟另外两个敌人会矛盾。因为要想解决长寿风险，你所投的这个资产的收益，一定是确定收益的，现在这个确定收益是多少？不高于 3.5%，但一直给到老。虽然不高，但必须配。因为没有别的办法解决长寿风险。

第二个敌人是通货膨胀的风险。从现在开始，我估计会有起码 10 年的全球印钱周期。虽然现在未变成恶性通胀，但适度通胀是避免不了的。通胀本身就是经济发展的另外一个标志，通货紧缩更惨。

3.5% 绝对战胜不了通胀。

我们老的时候，维持跟今天同样的生活品质，需要更多的钱。所以，我们必须还要有一些资产才能战胜通胀。大家可能立刻会想到股票，不好意思，马上第三个敌人就来了，叫单一资产波动的风险。

中国股市，1990 年 12 月刚起步时只有 100 点，30 多年后现在涨了 30 多倍，达到 3000 多点。收益不可谓不高，但是波动性特别大，一年半内，从 6124 点下跌到 1600 点，这发生在 2007 年至 2008 年短短的 18 个月中间。

试问，如果和我们的生活相结合，我们的孩子哪一年上大学，可以说自妈妈怀孕那天就已经决定了；我们大概哪一年退休，也是可以预测的。但那一年的行情是 2008 年还是 2007 年，不要说我没办法预测，巴菲特他老人家也预测不了，这就是所谓的“高风险高收益”，单一资产风险的波动，比长寿风险、通货膨胀的风险大得多，一下子整个养老资产打了三折，你还怎么退休?

单一资产波动是不是仅存于中国股市？绝不是。

2021 年两会期间，银保监会主席郭树清提出来的中国最大的金融风险是什么？房地产。短期内房地产几乎还是要涨，但涨得不会很多了，因为国家一定会严控。

从长期人口老龄化的大趋势来看。我们退休时，房地产是有极大风险的。如果未来几年一直平稳上涨，就不会是大风险，最多是战不胜通胀。如果未来几年狂涨，房产就可能一夜坍塌。

房地产崩盘，这种事在美国、日本这样的大经济体上都发生过，后来都出现了大的问题，但是这本身不是房地产的问题。任何单一资产，只要是高收益的，平均收益超过 10% 的，都有可能在一夜之间灰飞烟灭。

同时战胜通胀和单一资产波动风险这两个敌人靠什么？只能靠资产配置。[1]

这是国外发家长达数百年的家族能够传承下来的唯一原因。我们养老

1 关于资产配置的详细内容，请移步第五章。

目标的实现，也需要借鉴类似私人银行量身定制资产配置的方式。

第四个敌人，核武器级别的敌人，叫养老中面临的看护风险。寿命越长，晚年需要看护的周期就越长。一旦长期看护来了，你所支出的，就不是每年5%的通胀了，瞬间支出加倍。一般的资产配置也解决不了这个问题，需要专门为防范这个敌人配置专属的资产。

总而言之，一个科学的养老规划，必须包含终身给付型年金，加定制的资产配置，再配备失能看护专属保障。至于三者之间的配比关系，这是需要每个家庭各自去规划的。

24 年轻不买房，老了住哪儿？

“以房养老”不靠谱？有年轻朋友又问了，供房压力大，未来还可能无法帮我养老，但如果年轻时不买房，老了之后住哪儿？

我们先来解释一下什么是养老。

养老就是在我们年轻，有劳动能力的时候，用劳动换资产；在我们老了，没有劳动能力的时候，再用资产换劳动的过程。

后半程尤为重要，我能否在恰当的时候，把我的资产兑换成我所需要的服务和劳动呢？例如，当我需要医疗服务、长期护理服务时。

当然，前半程也很重要。前半程就看我在有劳动能力时凝结的资产，能不能在我将来需要劳动的时候，赶上劳动力价格的增长。

我们从这个角度再来分析一下房地产。今天房价贵的原因是，中国在过往三四十年都处于人口红利期。

有大量的年轻人工作，农村劳动力大量进城，要努力改善生活，所以他们对住房的需求越来越高。城市原来没有那么多住宅，一下来了这么多年轻人，因上在这一阶段会感觉劳动力特别便宜，而资产价格涨幅却越来越大。尤其在中心城市，大家感觉工作三四十年，甚至一百年都买不起一套房。这就是劳动力价格较低，而资产价格存有泡沫所造成的。

随着时间推移，大家开始讨论未来人口红利必将消失的大趋势。也就是说，未来年轻人会越来越少，越来越少人进城，城里居住的老人则越来越多。于是，你所需要的服务和劳动会越来越贵。我们退休时，我们需要年轻的、当打之年的医生，不可能找一个七老八十的医生来为自己服务。但由于年轻人少、医生培养周期又长，届时医生的诊疗成本肯定会很高。到那时候，城里年轻人少了，我的房子相对而言就不值钱了。

年轻时把劳动凝结成资产，老了再用资产换取劳动，从这一过程来看，以房养老的观念绝对是过时了。如果你把年轻时的劳动凝结成房（zhuān）产（tóu），届时一定会面临危机。

以房养老的观念就不能升级吗？并不是不能。

未来，我们需要的是，把资产换成我们所需的服务、劳动和产品，来匹配我们的退休生活。我们老了以后需要什么服务和产品呢？

首先应该考虑的当然是优质医疗资源、看护资源，以及相应的优质老年娱乐资源，如老年大学等。要集中这些资源是很难的，不可能每个人都在三甲医院旁边买房。

现在有这么一种模式：把原先对房子的拥有权换成使用权，再将使用权兑换成大型养老社区的租用权。

这种大型养老社区会配套老年大学，有一键就可直达护士的看护按钮、匹配不同身体状况的各式房型，还有三甲医院主任医师随时在小区提供上门问诊服务。

以上资源都是我们养老所需求的，但我们没有必要占有这些资产，在未来的老龄化社会，此类资源稀缺，应该促使其在整个老年人群中流动起来。养老社区就是这种概念，我们不拥有养老社区中的某一套房子，而是拥有养老社区的入住权。当我们离开，或是不愿意再住了，还可以让其他老人入住，盘活整个养老资源。

现在的房地产贵，而未来服务更贵。大家不妨把自己现在一部分固定资产转变为未来对养老社区的使用权，即把对资产的拥有权变成对服务的使用权，自然也就解决了去哪里住的问题。

这也正是多家保险公司都在推一些特定计划的初衷。在这些计划中，你只要现在支付足够多保费，就能取得未来养老社区的入住权。

保险未来会有收益，但一般不高，附加的养老资源使用权，代表对未来稀缺服务的提前锁定，这才是其真正的收益所在。

附：做养老金规划需要思考的问题

1. 如果你现在退休，你希望自己每个月花多少钱？

2. 你能容忍的最迟的人生自由年龄是多少岁？

3. 你希望最早多少岁实现人生自由？

4. 人生自由后，你希望环游世界吗？估计一下一年要花多少钱？

（或者有别的梦想也可以写下来）

5. 你的社保缴了多少年？缴费标准是多少？

6. 你和伴侣已经为退休存了多少钱？

（包括已经买的企业年金、个人养老年金等）

7. 还有没有别的特殊想法，比如给孩子买房买车，让孩子“啃老”，或者给孩子留遗产？

视频｜养老金规划介绍

第四章

教育：我怕孩子不如我

25 别让焦虑伤害孩子，教育金规划最管用

前几天，看到朋友的一段话，非常心酸——

广州一家著名中学的心理老师说，为什么现在孩子心理问题越来越多？因为TA们觉得，无论如何努力，都无法赶上自己的父母。这是最大的心理压力来源。

全社会的教育“内卷”，已经深深伤害了我们的孩子。

◆ 关于热词“内卷”

如今人人都在说“内卷”，关于这个术语，很多人都有误读。

“内卷”指的是——

大家在一件事上投入越来越多的时间和资源，表面上看越来越忙碌、越来越辛苦、竞争越来越激烈，却无法创造更多的经济价值和精神价值，以致竞争停留在低水平阶段不断消耗，人心越来越焦虑。

当下社会，年轻人拥有的物质和精神的享受或体验，远远丰富过我们这一代“中年”人，而且还向更丰富、更多样的方向发展。所以，现在的社会生态远未进入“内卷”的状态。

但是，在社会生态的局部领域，如教育，的确已经“内卷”了。

为什么孩子会觉得，无论TA们如何努力，都无法赶上TA们的父母呢？为什么985高校出来的父母，会经常真真假假地哀叹“根本不奢望能培养出读985的孩子”呢？

这其实是一个简单的数学问题。

中国985高校和211高校的优质教育资源，经过改革开放前30年的强扶持政策性扩容，最近10年基本已经稳定下来，不管家长们砸多少时间和金钱在孩子身上，传统观念里的优质教育资源就这么多，供给现状不会有太大改变。

我查了一下我的母校中山大学的招生录取数据，一查吓一跳——

2005年，广东考生45万人，中大在广东的录取人数是4500多人。

2020年，广东考生78万+，结果中大在广东的录取人数变成了3000+。

我又查了一下广东三大高校中的其他两强——华南理工大学和暨南大学，数据也差不多，并没有因为广东考生的猛增，而增加本科生的录取人数。

从这个侧面可以看出，高考的难度起码是翻倍的。当然，随着普通高校的扩招，读大学不难，只是优质学位，并没有增加。

著名高中的孩子，认为自己努力也未必赶得上自己的父母，这是客观事实。不是因为他们不如自己的父母，而是僧多粥少，竞争更激烈了。

我们再看看人口数字。现在还处于人口红利期的后半场。第七次人口普查数据显示，与10年前相比，人口增加7206万人，增长了5.38%。

人口增长与资源增长之间的频率不同步，就会造成资源的挤兑。

我们这一代感受可能特别明显：

想要考上985、211高校，我们基本是不需要补课的，在学校就搞定了。

比我们小几岁的80后，可能是从高中开始补课。

后来一步步提早到中考、小升初。

再后来，从幼儿园就开始拼资源投入……

之前大家什么都不补，学习能力强的尖子脱颖而出获取优质资源；后来全民各种补，补学科、补素质教育，还是学习能力最强的尖子获取优质资源（悲催的是，顶级资源的比例更少，尖子之间的竞争更加白热化）。

争夺优质学位的“内卷”在基础教育领域愈演愈烈，最直观的感受就是，现在培养一个孩子需要投入的金钱成本越来越高，是之前的10倍不止；但是最终得到的，可能也是一个普通学位。

◆ “内卷”不可能是常态

国家继续加大办学力度，提供更多优质学位，这当然是改变“内卷”的一个方向，但把眼光放得更长远一些，“内卷”不可能是常态。

未来的教育资源必然更加丰富。从整个经济的发展，到未来的人口结构，再到国家的宏观政策，本身已经为解决教育“内卷”做好了准备。

首先，从人口增长趋势看，虽然这10年人口还在增长，但平均到每年，实际人口增长率才0.53%。这其实是一个非常低速的增长态势，出生率持续走低已经不可逆，未来孩子会越来越少。教育资源就算不增加，未来平均到人头上的占比也会增加，“内卷”自然就失去了土壤。

在人口下降和缩表的预期下，要做到人均贡献不下降，必然需要社会在教育资源，特别是优质教育资源上加大投入。

前段时间，各一线城市都有报道，中学大规模招聘清北硕士到校任教。

之所以是新闻，因为过去很少听说清华北大毕业生去中学当老师，我硕士毕业是在2003年，当时中大毕业去中学教书的都不多，现在却越来越多。前有深圳中学，后有广州白云区整个区里统一招名校毕业生来教中学。以后，211毕业的研究生当中学老师，应该是一个趋势，未来会有越来越多人才资源配备到教育上。

因为人口的减少，未来，每个孩子人均可以享受到的个性化教育资源会越来越多，教育“内卷”的问题，自然迎刃而解。

◆ 钱要用在刀刃上

既然“内卷”消失的物质条件已经创造好了，家长是不是就可以松一口气，放任孩子野蛮生长了呢？我们还有必要做教育规划，储备教育金吗？

当然非常有必要，而且得更加科学地规划教育金，保证钱都能用在刀刃上。

虽然教育“内卷”的大环境持续不了多久，教育资源会越来越多，但并不意味着不再需要通过竞争方式进行优质资源分配，只是竞争可能会向着更精细化、分层化的方向发展。

过去分层教育是奢侈品，多元化教育是奢侈品。未来可能就不一样了。

过去孩子若立志成为一名潜水教练，你根本找不到匹配的教育资源。

现在，找一个专业潜水教练来当孩子的私教，是很容易的事情。

当多元化教育成为可能，你对孩子的规划还是考 985、211 高校，文科或理科两个方向，是不是就太狭隘了？

我曾经一再说过，与其推搡着不具备科研能力的孩子去学奥数、学物理，不如帮他们早早立志，成为一个优秀的匠人，不论是去制作小提琴、做调音师，或者是当厨师，都是未来的优秀人才，应该给予更多的发展空间。

可以预期，未来社会对人才的界定会更加丰富，与之相应的，未来的教育，会有更多元化的路径和更精雕细琢的执行。

想要摆脱所谓的教育“内卷”，我建议家长要做好三点：

第一是稳，心态要稳，忌盲目攀比。

现在孩子当下的教育投入太大，父母过于陷入同侪压力。

你的孩子什么都要学，课内的语数英要补，编程要补，钢琴要学，第二乐器又要学，还有很多丰富多彩的素质教育活动，看虫子、观花草、做实验、学天文，足球、篮球、游泳、网球、羽毛球都要专业地学，棒球、橄榄球、高尔夫球也要尝试，还有各种游学活动……

父母带娃，最怕就是心态不稳，人有我有。

第二是准，要找准方向，低成本试错。

国家已经出台文件要求切实减负，2021 年 7 月的“双减”文件，可谓下重药了，这是对的。前期就应该是低成本探索，够用就好，小范围快速试错，早点为孩子找到方向。

以我们家为例，据我的观察，我 12 岁的儿子逻辑思维能力比较强，学习数学、物理比较轻松，进步也很快。虽然他现在也在学习钢琴和小号，但他的天赋显然不在此。

之所以现在还继续在学，是因为我的经济条件还能承受这些投入，我也希望提升他的审美能力，丰富他的人生。但如果我经济条件恶化，影响我儿子的教育规划了，我就会果断让他停止学习乐器。

千万别误会，我不是否定素质教育。朋友的孩子音乐天赋不错，我就常劝他们，不如集中资源学音乐，还去补什么语数英呢？

什么都学的结果，就是什么都不精，到处浪费财务资源。等到孩子真正需要钱，去为自己梦想冲刺的时候，你又拿不出钱来请更好的老师。

第三个建议，教育金最好准备到孩子研究生阶段。

未来人的寿命更长，孩子的人生更长，你的孩子可能到大学的时候才找到方向，或者在大学时又换方向，你要不要继续支持？我觉得有能力还是应该支持的。我们需要先把资源留出来。

我有一个朋友，本科读的是新闻，后来突然又去学珠宝设计，那几年她不仅赚不了钱，还要交高额的学费，而那段时间就全靠父母支持了。现在，很多著名高校的本科招生人数多年未变，研究生却大量扩招，以后读完研究生才出来工作，应该是常态。

多观察孩子，低成本试错，尽早找到孩子的方向。这就是我对教育规划的建议。

现在有很多的教育平台，提供了很多性价比高的网上教育资源，父母应该打开视野，多去了解，而不是盲目地投入。作为父母，我们多思考，多反思，多做一点，孩子就会少受一点伤。

2021 年 5 月 21 日

作者注：本书出版时，国家开始实施“双减”政策，打击校外培训机构，试图改变目前教育“内卷”的状况。成效如何，留待观察。

26 女儿生日礼物背后，藏着避开“内卷”的启示

女儿 6 岁生日那天，她得到了一件特别有意义的生日礼物——一把手工小提琴。

她去提琴工作室参观小提琴的制作过程，亲自挑选自己的琴，这可能会是她的一个美好回忆吧。

这个提琴工作室和我们特别有缘。我和太太结婚前，在广州市中心的一套小公屋里住了几年。这间小公屋大约 30 平方米，它原来的租户就是小提琴制作大师朱明江老师。他是我太太的一位远房亲戚，我们住的时候，房子还依然堆放着制作小提琴的木料。那时我们还在读研，自然没有想到，20 年后，我的女儿居然会学小提琴。

朱老师已逝，但他一手创建起来的工作室依然发展得很好。

◆ 提琴工作室里的年轻人

这个提琴工作室位于广州白云区的一个工业园里。

进去时，就看到十几个20岁左右的年轻人，都在认真地伏案工作。

制作小提琴的工艺不仅复杂，且非常精细，每个人都有自己的专门工序环节——比如拿着在外面根本就见不到的工具：一把比头发丝略粗、直径只有1毫米左右的小锉子，锉小提琴琴码上的凹槽——精细程度堪比瑞士手表制作。

大师弟子告诉我，这些年轻人收入都不低，因为朱大师声名在外，他家的小提琴销路一直不错，客源稳定，收入也相对稳定。

但是厂长邓老师却叹息，愿意从事这个工作的年轻人却并不多，招工非常困难。他们现在都是回自己农村老家，招能吃苦耐劳的孩子传授技艺。

朱大师的弟子和我太太20多年前认识，年龄相仿，广州本地人。

他早早就跟随了朱老师，兢兢业业地做一个匠人。如今，他制作的提琴也在国际上获奖。我们笑称，不知道女儿什么时候有资格拉上他制作的价值数十万的琴呢？想想我们身边重点大学的毕业生，又有多少能够像他一样，有如此身价？

这样的生态存在，恰恰是我们人类社会协调的一个标志。或者说，我们人之所以生而为人，就是因为有这种有人情味的行业、作坊存在，保有手工业者的生存空间，这是一个多元化社会的必然要求。

但像这种有大师加持的工作室，为什么在城市里招不到年轻人呢？为什么不能深入中学，寻找一批对这个行业有兴趣的孩子从小就培养呢？

一直以来，我们的家长群中有一种特别根深蒂固的观念，就是总想让孩子去最潮流的行业工作。我读书时，国际贸易、国际金融吃香，大家都去学金融学贸易；后来互联网走俏，男孩都抢着报计算机专业；现在出现人工智能方向的热潮，家长不仅早早开始安排孩子学各种编程课，还恨不得现在就能让孩子掌握所有算法……家长无比焦虑，似乎不跟人工智能沾边，以后孩子就找不到工作了，也不顾孩子有没有天赋，硬推着往这个方向去。

人工智能固然是未来的方向，算法、逻辑固然非常高大上，可是有几个孩子具备足够的天赋、能真正成为行业的顶尖者引领者呢？不具备数学天赋、计算机天赋的大多数孩子该怎么办？是不是还是要硬着头皮、千军万马挤独木桥去学计算机、学奥数呢？虽然我一直鼓励更多的人关注基础学科，可是要成长为顶尖人才还是要凭天赋。

在所谓的大企业、大平台的周边，会诞生许多区域化生存和匠人化生存的空间，可能这才是很多人安身立命的地方。这样的发展路线难道不比千军万马挤独木桥，人人都去学计算机学人工智能，更具备可操作性吗？

调音师也是职业方向

无独有偶，我第一次买二手钢琴的时候，接触过一个盲人调音师阿坚。

他通过自己的后天努力，成为一名依靠听力和触觉进行工作的钢琴调音师，在整个广州都小有名气。

当时我就被他的技艺震到了，钦佩不已。

最近我又认识了一位科班出身、星海音乐学院毕业的调音师，他从理论高度告诉我，调音这个行业虽然没有弹钢琴的训练强度，可是要了解的知识一点也不少。

钢琴 88 个键，调一键而动全身，整个钢琴的共鸣箱相互之间都是有关联的，调一个音会影响其他音。在这种不断的协调中把钢琴音色调得臻于完美，这个过程既是一个技术过程，也是一个艺术过程。

科技时代的调音技术，已经跟科技结合得非常紧密，同时又需要人的专精的技巧和经验进行辅助。

技术与人，缺一不可。

人可能有很多地方不如技术，但技术也永远无法取代人的作用。这就是一个人永远不会被淘汰的领域。

从理论上讲，其实每一部钢琴，每半年就需要调音一次。现在中国人家庭拥有钢琴的比例这么高，算一算，能容纳多大的就业规模呢?

“卷”来“卷”去，我们做家长的给孩子做未来的职业发展规划，无非是希望他们不要轻易被社会潮流淘汰。

如果家长把孩子的教育方向，放在更宽阔、更多元的大格局下思考，能多了解一点，更早地看见孩子的特长与性格特征，或许就能够放下“内卷”焦虑。孩子的天赋也反而能被释放，发展的方向也会更加多元，不用大家都去挤独木桥。

2021 年 3 月 18 日

27 五成的人读不了高中，真的很可怕？

大多数孩子都有自己的闪光点，但并非每个孩子都擅长应试。如果我们作为父母，能够在孩子早期就挖掘 TA 们的闪光点，TA 的特长和兴趣，肯定能找到一条适合孩子发展的路。

很多父母觉得，孩子成才只有考上大学一条路，而且还必须考上 211、985 名牌高校。一听说，现在可能有一半的孩子读不了高中，就觉得天都要塌下来了。

除了选拔机制要改革，成才路径要拓展，更需要改的还是人们的观念。现在大部分的父母，包括我身边的朋友，对于高考还是有执念的。

因为我们就是“考”出来的，不希望孩子不如我们，不希望阶层滑落。这就是“考一代”的心态。

另外一批家长是高考的失意者，或者是仰望高考的人，他们希望孩子能够一尝“大学生”的滋味。

以上两类父母，内心都极不希望自己的孩子去读职中。

许多职校生毕业赚的钱明明比办公室底层小白领多，但还是得不到尊重。

有人说，因为职业教育出来没有社会地位，职校生会被歧视。

有人说职校生没有上升空间，这辈子只能当底层工人。

诚然，现在的职校还有各方面的不完善，师资管理都未必到位，职校毕业生也会受到各种歧视，但是放眼可见的未来，职业教育应该会有改善。我们作为父母，应该打开视野，改变观念。

◆ 立法提升“职业教育”地位

今年6月，《职业教育法（修订草案）》提请全国人大常委会会议审议。里面提到以“职业高等学校”替代原来“高等职业学校”的概念，对应于普通高等学校，包括专科、本科层次。

如果草案通过，意味着在法律层面上，职业教育将提升至和普通教育一样重要的地位，在培养框架体系上也对标普通高校，可以培养自己的本科生甚至研究生。

早在2019年1月，国务院就印发《国家职业教育改革实施方案》（简称“职教二十条”），提出要建立“职教高考”制度，完善“文化素质+职业技能”的考试招生办法，提高生源质量，为学生接受高等职业教育提供多种入学方式和学习方式。

目前，山东、河南已经在建立“职教高考”制度（以“文化素质+职业技能”来综合选拔，其中“职业技能”测试成绩所占权重不低于50%），很多省市正在跟进。不久的未来，职校能够对接的大学将会越来越多，动手能力强，但应试能力不足的学生，只要努力，也一样有自己的用武之地。

从这一系列的政策，我们可以看到，国家对未来教育体系的规划，就是把初中以上的教育分成两条路线：

一条是普通高等教育路线
一条就是职业教育路线

这两条路线，并没有谁高贵谁低贱之分，只是实现个人价值的不同路径选择而已。对普通人来说，选适合自己的，才是对的。

当然，对于现在中学的孩子，估计等不到我们职业教育大发展的那一天。但是，对于我 6 岁的女儿这一批孩子而言，是可以看到职业教育的希望的。所以，我很坦然，即使她未来成绩不好，我也一定能帮助她，找到一条适合她的道路。

◆ 父母“看见”孩子最重要

教育路径选择，对于学霸和学渣来说，从来就不是问题，会纠结的都是处于中间的孩子。成绩中等的孩子，又是占比最多的人群。

我最近关注了一下高考和中考的高分考生新闻，发现一个有趣现象，就是很多高分考生都提到自己从来没参加过课外培训班。

不管是不是真的，有一点我是坚信的：

学习能力因人而异，学霸是真的不需要被人按住头学习的。

每个人的学习能力不同，好的教育应该能根据每个人的特性，发掘差异化的学习能力。

特别是对于中间人群，发现其自身独有的学习能力，比纠结去哪儿上校外辅导课更重要。

父母需要很用心地创造机会给孩子，“看见”孩子。

学校在这方面也应该起到重要作用，能过分层教育，充分发掘孩子的独特能力。

基础教育能实现分层教育的目的吗？至少芬兰做到了。

2020 年起，芬兰教育和文化部开展了一个全国性的大项目，叫“芬兰模式兴趣班”。

这个模式的目标，是确保每一个芬兰孩子在学校内就能有一个愉快的、免费的兴趣班——不管是穷孩子还是富孩子，不管父母有没有能力发现孩子的天赋，不管父母有没有时间和金钱给孩子报班或陪着上课。

芬兰认为教育的目的是学习，而不是竞争。是为了让孩子们对未来的工作和生活能做好充分的准备。

学校应该是传授生活意义的地方，是孩子们学习他们各自所需要的知识的地方（不是人人都需要成为研究型的科学家），是他们能够学习群居生活技能的地方。

芬兰这一套分层教育的理念，在我们国家实行起来难度很大，就算不考虑教育出发点的问题，学校资源是不是足够多、教师的素质和精力跟不跟得上，那么多孩子能不能都照顾到需求……这些都是关键的问题。

但就算做不到精细化分层，我认为基础教育在大致分层上还是应该有所作为。

大致分层，就是根据孩子表现出来的大概的学习能力，进行指导规划。

有的孩子学习语数外能力不行，但是运动能力好，学校可以帮助孩子规划走体育路径；有艺术感觉的孩子，往艺术学校方向引导；如果孩子动手能力强，可以往职业教育方向走；等等。

学校的指引，再配合校外专业培训机构的精细规划，也许能事半功倍。

不管怎样，接下来在基础教育阶段，政策变化肯定还会陆续“砸”来，总的方向就是公共资源要向平等化、均衡化方向来分配。

这个方向，与盛行多年的“赢在起跑线上”的观念是相悖的，预计家长群中的焦虑会持续存在。除非你能真正想明白，教育到底是为了什么。

2021 年 7 月 15 日

28 “快乐就好”，这碗鸡汤你千万别干

你的目标是要培养一个怎样的孩子？我身边有的爸爸妈妈会如此回答：

我不求 TA 有多高成就，我只希望 TA 是一个快乐幸福的人。

我是个理工狗，一听到“快乐”这个虚无缥缈的词，就有点摸不着北的感觉。

百度一下，“快乐”的定义是这样的——

快乐是灵长类精神上的一种愉悦，是一种心灵上的满足，是从内心由内到外感受到一种非常舒服的感觉。

德国哲学家康德认为：“快乐是我们的需求得到了满足。”

问题来了，需求又是什么？根据众所周知的马斯洛需求理论，需求有这么多层次——

作为父母，你希望你的娃达到哪个层次的需求满足，才算一个快乐的人？你的期许，决定了你的教育方向。

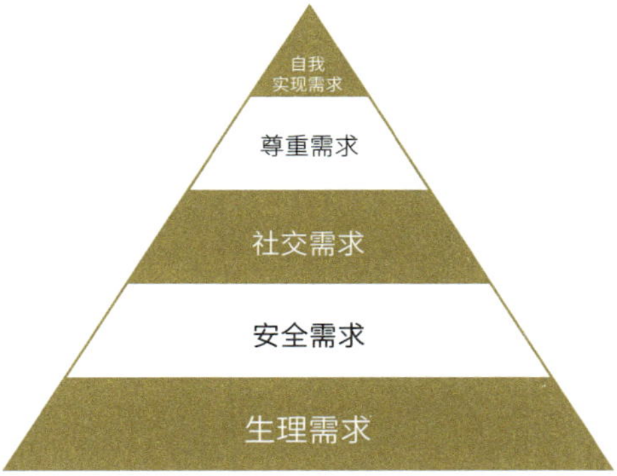

马斯洛需求理论示意图

快乐究竟是什么？快乐是目标，也是当下的状态。

我看过很多孩子，他现在很快乐，一直没有目的地疯玩，想玩什么就玩什么。家长觉得很满意，觉得这是孩子最真实的状态，没有受到环境的压力。

家长满意的是孩子的积极情绪，我们可以称之为“快乐”（happiness），你也可以称之为“快感”。快感是短暂的。

很多“快乐”的孩子，进入学校教育后开始不“快乐”了。父母开始埋怨教育体制，忙着换学校，认为是教育制度压抑了孩子。

但从另一个角度说，父母当初对“快乐”的简单片面理解，是否也是导致孩子进入学校体制后不快乐的原因？父母的言行，是不是对孩子的负面暗示？

除了关注孩子的快乐感受，如何培养孩子的品格，如自我控制和毅力，是孩子进入学校后，父母应该思考的课题，这些品格的培养与孩子的成就及幸福感息息相关。

法国数学家，2010年菲尔兹奖得主塞德里尼·维拉尼曾经在TED（Technology，Entertainment，Design的英语缩写，为美国一家私有非营利性机构）演讲中说：“当你苦思冥想数月之后，终于找到问题的正确解法的那一刻，那种感受真的无与伦比。伟大的数学家安德雷·韦依把这种感受比作——不开玩笑——比作性快感。他还说这种感受可以持续数小时甚至数天。”

如果这些都是“快乐”，那么快乐究竟是什么？

◆ 幸福 2.0 理论

积极心理学（相对以弗洛伊德为代表的病态心理学而言）是专门研究人们如何才能幸福快乐的心理学分支。

在美国积极心理学之父马丁·塞利格曼的理论中，幸福有两个层次：幸福 1.0 和幸福 2.0。

他的幸福 2.0 理论，提出了简称为“PERMA”的幸福五要素：

Postive Emotion：积极情绪（我们的感受：愉悦、狂喜、入迷、温暖、舒适等）

Engagement：投入（完全沉浸在一项吸引人的活动中）

Relationship：积极的人际关系（他人是人生低潮最好和最可靠的解药）

Meaning：意义（归属于某些超越你自身的东西，并为之奋斗）

Accomplishment：成就（一项终极追求，有些人就是为了赢而赢）

塞利格曼早期在《真实的幸福》中，对“幸福”的定义是与此完全不同的，当时其判定幸福的要素只包括：积极情绪、投入、意义三个要素。他认为，这个幸福 1.0 理论，只有“良好的感觉”“生活的满意度”一个维度。

这个 1.0 的幸福层级，其实特别接近我们很多家长认为的“快乐”——一种良好的感觉。

但到了《持续的幸福》一书中，塞利格曼已经升级了他的观点：

满意的生活不是幸福。幸福不能只有主观的感觉，它还要包括真实存在的意义、良好关系和成就。这样才能得到持续的幸福。

作为父母，我们可能更希望TA能得到“持续的幸福”，而非仅仅是“满意的生活”，是吗？

塞利格曼后来反思：获得积极的情绪（愉悦的人生）是有捷径的，比如通过某些手段。

◆ 幸福快乐就是一套生化算法？

《未来简史》的作者尤瓦尔·赫拉利则认为，人类未来的第二大议题，可能是要找到幸福快乐的关键（第一大议题是战胜老死）。

幸福快乐其实就是一套生化算法，只要我们掌握了这套生化算法，改变人的身心，未来就能掌握快乐和幸福。

根据他的观点，什么能带来幸福快乐？

最极端的就是吸毒嗑药，但目前还无法控制其副作用。

最老司机的说法就是性爱。

最直接的方式是运动，直接产生多巴胺。

还有，回到数学家维拉尼的说法，他解完数学题后，有类似性爱后的快感，天知道是不是因为多巴胺。看来掌握抽象的思维工具，可以对整个人类探索宇宙、探索真理作出巨大贡献而获得的认同感，本身也是幸福感的来源。

◆ 机器人将抢走人的活

广州有一个地铁博物馆，给我带来很大的震撼。

几个人就可以操作盾构机完成大部分工作：挖掘、排土、排水、铺设管道，挖一条几十米宽的隧道。

我直观地感受到，未来劳动力价值将趋于无效甚至无价值。大部分的底层体力活将会被机器替代。

未来，当社会物质财富极度丰富时，人的幸福快乐从哪里来呢？

我们大胆假设一下——

第一种人沉浸在自己的世界里，利用未来改进的生化方式来获得快感，比如现在的游戏产品，如 VR（虚拟现实）、AR（增强现实）等产品。

第二种人可能就如那位数学家一样，更加努力去学习工作，掌握了大量的知识，成为了各个行业的专家（包括经济学、社会学、考古学，或者是探索外层空间宇宙，或者是新的数学算法等），他们借此体会到另一种幸福感。

他们不愿意沉浸在虚拟的幸福里，而是希望在社会中，在与他人的交往中获得成就，获得幸福。

他们的行为符合个体心理学家阿德勒的观点：每个人的幸福一定是跟整个人类社群有关系。否则我们一切的幸福感或者心理健康都是虚无缥缈的。

第一种人获得的可能就是塞利格曼所说的“积极的情绪”，幸福的 1.0 版本。

第二种人获得的可能是塞利格曼所说的“持续的幸福”，幸福的 2.0 版本。

塞利格曼认为，持续的幸福离不开“成就”。

这一点也是很多持“快乐就好”观点的家长所不屑，或者忽视的。

他认为——

成就的定义不仅是行动，还必须是朝固定、特殊的目标前进，所以它不只要计算距离。通常有好几条路能够通向目标，有些比较近，有些比较远，有些是死路，决定走哪一条路，是一个缓慢的历程，叫作计划、规划。

是什么决定了一个孩子为了成就（追求更持续的幸福）而不断练习？

不是智商，而是自律的品格（自控力和毅力）。

据研究，自律对成就（学业成绩）的预测性，高于智商两倍。

研究也表明，受到的教育越多，毅力品格越强。但目前还不了解其中的原因。

由此可见，持续、系统的教育，利于孩子获得持续的幸福感。

为什么要终身学习

观点呼之欲出了。

人类寿命的延长，知识的爆炸都是重要的因素。但最重要的是，只有持续学习，才能获得持续的幸福感。

其实，家长们已经隐约感觉到了这一点。

家长要给孩子报课外辅导，应付应试教育，进而考上好大学，接受更好的高等教育；要提高综合素质，钢琴、滑雪、高尔夫球，上知天文下知地理，学被阿尔法狗战胜的围棋；等等。我们要启发孩子的兴趣，让孩子读更多的书，学更多的东西。

在经济学理论中有一种说法，市场的反应比我们理性的反应来的要快。我们对教育的投入恰恰应和了这个观点。

有人说，既然有了这么多互联网上的教育资源，还需要为“高等教育”准备什么？

我姑且还是称之为“高等教育”，无论未来形式会如何变化。

从目前看来，教育需要个性化、系统化，互联网上的教育资源虽然多，却很难达到这一境界。

能够引领社会变革，产生伟大的科学成就，最终能够给人类的生活带来本质的改变的科学家，都是在高等教育中产生高度抽象的智慧，才可能做出成果。

我相信，高等教育或其变体（另一种高度浓缩智慧结晶的教育产品），依然是主流，而它不可能是无价、免费被使用的。

◆ 我对孩子的教育规划

和所有的父母一样，我希望孩子们都能成为幸福的人。

为了 TA 们能具有持续幸福能力，我就必须给他们持续的教育，让 TA 们养成终身学习的习惯。

儿子乐乐的课内学习比较轻松，他又是一个好奇心爆棚、精力充沛的孩子，课外班就报得特别多——

儿子最喜欢的是小区里的外教课。外教带着他用英语学习，学编程、学瑜伽、学烘焙、学观察自然、学简单的物理化学知识……英语作为世界通用语言，熟练掌握对于全球沟通至关重要，这也是终身学习的起点。

他一周有三天足球训练，运动有利于健康，多巴胺分泌直接产生快感，集体运动项目提高孩子的协作能力；每周一次游泳。

他每周有半天的钢琴课，艺术可能是人工智能暂时无法替代的。

此外，他还经常参加妈妈组织的自然课……

我偶尔跟他聊一聊数学的美在哪儿……

应试教育需要的机械记忆的能力，正是未来社会最不需要的能力，也是最容易被机器取代的。正如现在很多创新教育所提倡的，未来需要的能力可能是创造力、解决问题的能力、沟通协作的能力。

塞利格曼说，幸福离不开成就，要有所成就，自律很重要。

在我认为，自律不仅是对孩子品格的要求，也是对父母的要求。

要托住孩子向下滑落的底部，需要坚持、持续投入物质和时间成本。

如果作为父母没有自律性，沉溺于当下的快乐，孩子未来的幸福其实是岌岌可危、虚无缥缈的。

作为父母，我们一方面要对孩子当下的兴趣进行引导，让其在年少时快乐成长（积极情绪），另一方面也要意识到，快乐感受绝不是幸福的一切，应在当下随性、快乐的素质教育和未来的成就型教育（高等教育的升级版）之间取得一个平衡。

当然，可能孩子特别优秀，不需要我的物质准备了；也可能未来教育进化发展到不需要花钱。但我还是愿意给孩子准备好一张通向未来的船票。

2017 年 6 月 21 日

29 作为父母，我不想留下这样的遗憾

我在儿子学校的家长聚会上，认识了一位姓陶的同学家长，他2007年从美国回来发展，拥有加州大学戴维斯分校（UCD）电子工程硕士学位，近几年在一家跨国公司担任高级工程师。

家长在一起闲聊，话题自然离不开孩子的教育，希望能从他那儿了解一下国外教育的方向。

他充满自豪地说，从孩子两三岁开始，他就给孩子做了教育金规划，每个月给孩子存1万元的教育金。

我说你的孩子不是已经是美国人了吗？美国的孩子享有这么多的教育资源，还有必要存这么多？

他说你错了，如果孩子将来需要追求自己的梦想，还要有额外的教育资源投入。

他告诉了我他真实的故事。

1995年，刚考上中山大学两个月，他就收到了国外的录取通知书，前

往美国留学。

他没有申请到奖学金，爸爸倾尽所有，除了首年的学费，还给了他1400美元的生活费。

“仔，爸爸没用，只有这些了，你先用着，我再想办法！”他的爸爸一脸愧疚。

走出国门那一刻，他迅速成熟了。

他记得他曾经在旧金山的一家小餐馆门口来回走了三遍，犹豫要不要买1美元的烧卖。犹豫再三，他下定决心不买，因为1美元相当于8元人民币。1995年的时候，那是父母在中国一顿午餐的饭钱。

一元难倒英雄汉，说得有点夸张，但钱真的难倒了他。

读完预科，到了选专业时，因为他妈妈是个制图师，他从小就去学画画，成为像贝聿铭一样的建筑设计师，是他的梦想。

但他终于还是选择了电子工程，因为没钱。

旧金山的San Francisco Art School有建筑设计专业，但由于是一所私校，学费比其他的公校贵一倍，学建筑设计要花很多额外的钱，做功课要制图做模型。要在建筑设计上有所成就，并不乐观，而电子工程专业，硅谷有大量需求。

他说，虽然我今天看起来还不错，但我自己很清楚，我并没有从专业和工作中找到快乐。我希望我的孩子可以学自己喜爱的东西，她比我幸运，我可以支持她的选择。

再讲一对夫妻的故事。他们非常坚定要做孩子的教育规划，目标定得非常高。我问他们为什么要设这么高的目标，以致家庭财务不宽裕。

爸爸开始打开话匣子：他也是一个海归，从法国学成归来。他在法国足足待了四年，没有回过一次国。不想家？当然不是。迫于学业、经济和父母的压力，他一直强忍思乡情，独在异乡。暑假还要去农庄帮忙摘水果挣生活费，真是一把辛酸泪。和上一个故事中的陶先生一样，出国留学耗尽家里的所有资源，省吃俭用也很难再凑出回国的路费。

这位爸爸一脸坚毅地说，如果孩子有能力出国留学，我就一定让他想回来时随时可以回来。不能像他和父母一样，相隔天涯，归期茫茫。

一定会有很多爸爸妈妈想说，为什么一定要这么刻意呢？顺其自然最好。将来孩子如果能够有强大的心理承受能力，即便不能享受高等教育，相信也会过得幸福的。与其去考虑未来，不如现在就好好陪孩子，把所有的精力、资源放在当下的陪伴上。这些都没错。

因为家庭财务的原因，孩子没有进入自己心仪的学校或专业，孩子可能不一定会抱怨父母。但如果现在我们设身处地，以 20 年后的心态，来看今天所处的环境，或者我们应该问一句，我是不是有机会把这种遗憾的可能性，降到最低呢?

这可能是要为孩子做“教育金规划”的本质：量化你愿意承担多大的教育责任，你自己会觉得没有遗憾。

真正的教育金规划应该有如下考量：

孩子教育路线的设想（如希望孩子在国内读大学，还是留学？是上普通学校还是民办学校、国际学校？父母准备负担教育金到孩子什么阶段：本科、硕士或博士？）

量化需求的目标储蓄金额（如哈佛的学费目前是一年 20 万美金，到孩子上大学时大概是多少）。

对家庭的风险承受能力进行评估，确定合理的收益率，作为一个长期储蓄规划，既需要能够达成目标，也不可以因为超越了可承受的短期风险波动而终止。

孩子上大学的时间从一出生就决定了，越早开始有规划的储备，压力越小。如陶家长，他从小孩子出生时就开始准备，意味着他有 18 年的时间去准备；如果孩子已经 5 岁了，就只有 13 年了；如果孩子已经 15 岁……

在当下教育消费与未来高等教育需求中，找到平衡。优先为高等教育存钱，当下教育可采取低成本试错的方式，充分利用免费或低价资源，集中方向，不要遍地开花，人有我有。

这也是全方位理财规划的一个缩影，养老金规划、家庭保障规划，也是遵循这样的路线图进行的。

2016 年 5 月 18 日

30 你真的需要一套学位房吗？

说到学位房，很多父母都有一肚子话要说。

我们家有过一套二手房改房，后来觉得维护麻烦就卖了。

我们一直没买学位房或学区房，一直在孩子的学校附近租房。对于学位房，我持中立意见，现在政策此一时彼一时，如果你家里很有钱，买学区房，是无所谓的。但是，如果你买了学位房后，连带娃旅行的钱都要省，那我就不建议了。

我给大家讲几个不买学位房的故事和我的观点，供大家参考。学位房，并不是买房投资理财的行为，本质上追问的是——我们对孩子教育的三观究竟是什么？

◆ 个案：学位房总买不成

先说说我一个亲戚“没买成”学位房的真实故事。

孩子的父母双方都在体制内，收入稳定。“学位房”这个小目标，对他们而言，用尽洪荒之力能够做到，但绝对是要扒层皮的。

他们就在体制内，孩子自然也是要受体制内教育的。

从孩子上幼儿园开始，他们就计划着要买学位房。看着，纠结着，学位房的价格不断攀升，越等越无望，更买不起了。

无奈，学位房没买上，孩子就近上了一所普通小学。

应试教育的政策千变万化，后来风向又变了，小升初，民办初中也不允许考试，全变成面试了。家长们一下子蒙了。

不过，市场总有高招。

当时，某而思、某越等课外辅导机构，应市场需求，炮制了很多的考试、排名，被很多高价的私立初中所认可，只要你参加了课外辅导，有了较好的排名，就不愁私立初中不知道你。

重点小学之外，他们找到了另一条路——上校外补习班。

上了两年的补习班后，孩子也比较争气，排名挤进了某教育机构的前百分之二十，今年（作者按：此处指 2016 年）如愿以偿地上了一个有公立背景的民办初中。

现在回想起来，对于学位房的各种焦虑，好像也有些多余。

虽然上补习班的价格也不菲，民办初中每年也要几万学费，但是，比起学位房的天价，一个中产家庭，也不至于觉得压力太大。

亲戚的孩子，目前在广州一所区属重点中学念高中。

◆ 走国际路线没考虑过学位房

我有一位做生意的朋友，教育路径与上文的家庭迥然不同。

他有两个儿子。一个刚刚考上美国一所不错的大学，攻读化学专业；另一个在读四年级。

两个儿子上的都是双语学校。

他们从一开始给孩子设定的目标就是出国，所以，虽然购置了多套房产，却从没想过学位房的事，也从来没把购房和教育目标两件事纠缠在一起。

大儿子一路读国际学校，在关键节点时，也会参加公立学校的统考，试试自己的斤两，并微调学习方向。

相识多年，我也没感觉到他们有什么纠结。

这位朋友的孩子，目前在美国继续深造，已经是高精尖人才。

◆ 我的实用主义素质教育观

经过多年的变化、进化、优化，我现在把自己的教育观总结为——“实用主义素质教育观”。

首先，我主张的是素质教育，我不希望自己的孩子以应试为目标。我和太太都是应试教育的既得利益者，一路名校，但对于应试教育派生出来的学位房、奥赛班、课外辅导班……我内心并不喜欢。

但是，“快乐就好”鸡汤党们宣扬的观点，我也不能接受。我曾经听过一些新派教育的家长说出这样的话——只要按照某某老师的观念做就好了，不要问为什么，不要想太多。

如果新派教育变成了盲从和迷信，这和体制内教育又有什么本质的区别呢?

我还是决定回归实用性。我所说的“实用性”，并非指对于“小升初”、中考、高考的实用性。我坚持要把孩子培养成一个有价值、有用的人，这就是我的“实用主义素质教育观”，在我的教育观里，是否能快准狠地算一百以内加减法，是没有多少价值的。

我教育的最终目的是培养孩子的综合素质，这种素质必须是对自己未来的幸福有用，或者能对社会有所贡献，或者能在未来更复杂的竞争环境中取得优势……它必须具备这样的“实用性”。在我的眼里，纯粹的应试教育是“无用”的。虚无缥缈的快乐就好论，也是无用的。

给儿子选择小学时，我既没有选择新教育流派的学校，也没有选择公立学校，而是选了一个有创新意识的私立小学（不用买学位房）。现在看来，这个学校还比较符合我的“实用主义素质教育观”。

你随便算一笔细账，就会发现这学位房和非学位房之间的差额，足够提供两三个孩子从幼儿园到高中的私立教育了。这样算来，何必非去追求学位房呢?

何况，现在国家重视教育公平，打击校外培训，公立教育也在突飞猛进，即使不是名校，一般的公立小学，老师的素质也是突飞猛进的。

◆ 不相信任何单一资产

很多人这样跟我讲学位房和理财的关系——拥有一套学位房，娃上学的时候上学，娃毕业了，学位房继续增值，把它卖掉，卖掉的款项马上可以支付孩子的大学教育金。

当然，如果你对房子的价格有迷信一样的执念，我无话可说。恭喜你，至少你在精神领域找到了完美的理财方案。

某种单一资产确保可以解决所有理财需求——我是不太认可这个观点的。你坚持认为这是长生不老药，我说这世界上根本没有长生不老药，必须辨证施治，你可能偏不信。这个争论可以放一放。

现在，由于“双减”政策，很多城市的学位房变学区房，这个小区今年是学区，明年就不是学区了，像开盲盒一样。政策性波动大，这给学区房的升值蒙上了一层普通住宅所不具备的风险和阴影。

把大量资源，甚至是三代所有的资源砸在学位房或学区房上，你就没有周转空间去办其他事情（如夫妻养老金的储备，孩子其他阶段教育金的储备等）。

你只能求神拜佛，希望这套房子在孩子上完学后还能保值。

教育问题，是艺术，不是科学，有所选择就会有所失去。失去了，就接受它，不要去纠结，我们的生活就会变得平和而美好。

不执着于学位房（或学区房），不盲从，不被焦虑裹挟，我相信，你也能做得到。

首发于　2016 年 10 月 9 日

修改于　2021 年 7 月 31 日

附：做教育金规划需要问自己的问题

1. 孩子现在的年龄？
2. 目前计划孩子的教育路线是公立、私立还是国际学校？
3. 如果孩子能考上且想读，你愿意为他（们）承担教育金到哪个阶段？（本科或硕士、博士，出国等）
4. 你现在每月在孩子教育上投入多少钱？
5. 你的家庭保障充足吗？

视频｜教育金规划介绍

第五章

理财目标实现之道：资产配置

31 没有风险就是最大的风险

过去，中国人特别喜欢问一个问题："到哪儿找保本又收益高的产品？"

我的回答通常都是：不太可能。

"也不用太高，比银行高一点就可以了。"

世界上到底存不存在这样的无风险产品呢？

◆ "存"银行是不是无风险？

中国人喜欢把钱存到银行里，银行储蓄率居高不下。

中国的储蓄率从 2000 年的 35.6% 飙升至 2008 年的 51.8%，增长了 16.2%。但是从 2010 年开始，中国的储蓄率逐渐下降，2020 年储蓄率降至 45%。但是与世界平均储蓄率 19.7% 相比，中国的储蓄率仍处于世界的前列。

存银行能保本，是无风险资产，这是很多人的共识。真的是如此吗？

如果我们不考虑购买力变动的影响、本金损失的风险要素，只看两个风险，即市场波动或交易对手信用风险；并且你认为我们国家没有主权信用风险，那么银行存款利息的确可以被看作是低风险资产的。因为现金类资产的本金与利息的承兑，是由国家认定的金融机构信用保证的。

为什么我不说是“无风险”？

即便是国家监管的金融机构，也是允许破产的，只不过概率较低。这种破产，在西方国家早已司空见惯，我们国家才刚刚开始放手，如近年破产的包商银行、海南发展银行、河北肃宁尚村农信社等。银行破产后，储户最多可获得 50 万元以下的赔偿。

国家信用是不是完全没风险？也不尽然。委内瑞拉，这个曾经的石油富国，也是个主权国家，如今已经走到濒临破产边缘，货币失去意义，通胀率超过 3000%，100 万面额的玻利瓦尔换成人民币，约在 3 元左右。

◆ 余额宝和货币基金

货币基金是低风险理财产品，但风险就要比存款高。

货币基金的收益来源于金融机构之间的存款拆借，利息会比存款高一点点，却不是以国家信用做担保的，货币基金的预期回报，不能等同于银行公布的一年定期利率，本金损失的可能性不大，但是有可能拿不到原先预期的收益。

大家熟悉的余额宝，也是货币基金。货币基金曾经有高达 6% 的收益率，后来却跌破 2%，现在基本上是百分之二点几的年化收益，已经从神坛跌落。

原因就是货币基金是非国家信用担保，收益有波动性。

仅仅是收益率高一点，回报就已经有这样的波动，更别提更高收益预期的各种理财产品了，高预期回报必然会有高波动性，并不存在“无风险且高收益”的理财产品，“低风险且高收益”也不存在，能获取超过10%的收益，就要有本金全无的思想准备。

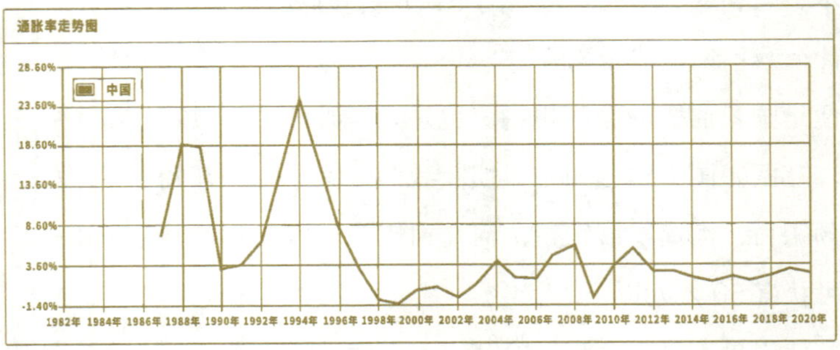

中国历年通货膨胀率（CPI）

再看我国历年的通货膨胀率，即便忽略2000年前的数据，2002—2020年19年的平均通胀也有2.42%，比货币基金近两年收益还高。

任何低风险收益，长期都是无法战胜通胀的。因为这样，整个国家的资金利用效率就会变低。大家都不愿意去投资了，经济也就会衰退，这是货币银行学、宏观经济学几乎确认的结论。

如果我们以这种“保本”的心态去理财，即使本金没损失，也实现不了长期的目标。绝对的没风险成了绝对的风险。

既要承担一定的风险，也要有意识谨慎面对风险、了解风险，这是普通家庭理财需要学习的平衡之道。

32 巴菲特索罗斯不能学，要学他

2021年5月，投资大师、耶鲁大学首席投资官大卫·斯文森因癌症逝世，享年67岁。

斯文森的名气虽比不上巴菲特、索罗斯，但他在投资领域的成就并不逊于巴菲特和索罗斯两位大师。

斯文森是一位资产配置实践大师，他管理的耶鲁捐赠基金，在过去20年实现了11.4%的平均年化回报率，基金规模在过去35年涨了24倍，不仅满足了耶鲁大学的日常支出，还成功穿越了牛熊。

斯文森是我的偶像，他的理念，也是我所创立的谱蓝资产配置体系的指导思想：在控制风险的基础上分散投资，追求收益最大化。

◆ 为什么巴菲特索罗斯不能学

所有的投资收益，产生于投资者行为的，只有三个来源：

第一　择时，选择最佳时机，做多或做空某类资产。

代表：乔治·索罗斯

第二　证券选择，或者叫选股，选择少量优质股票，长期持有。

代表：沃伦·巴菲特

第三　资产配置，将各类不同风险属性的资产组合起来，在控制风险的前提下追求收益最大化。

代表：大卫·斯文森

前面两位大师巴菲特和索罗斯的投资方式都不适合普通家庭。因为他们的投资回报率虽惊人，波动性也惊人。

以巴菲特为例，他在 2008 年以 8 港元 / 股的地板价成本，投了比亚迪 2.32 亿美元，之后一直没有减持。13 年过去，巴菲特在比亚迪的投资浮盈已经超过 25 倍。其间，比亚迪的股价也曾跌破 6 港元 / 股，波动巨大。

普通投资者购买比亚迪的股票，不可能有 8 港元这么低的成本，很有可能是二三十港元 / 股，即便你知道未来有可能获利 20 倍，中间的大起大落你一定能挺过去吗？如果在股价的低点，正好赶上孩子要交学费，你能不斩仓割肉吗？

如此大的波动性，如此长的持有周期，如此低的购买成本，也只有巴菲特能够同时承受，普通人学不来。

巴菲特是典型的选股主义者，主张持有少量股票，长期投资的策略；

索罗斯则是以天才般的操作手段，选择最恰当时机，做多或做空某个资产。

乔治·索罗斯，1930 年 8 月 12 日生于匈牙利布达佩斯。货币投机家，股票投资者，人称“金融大鳄”。1952 年，索罗斯取得伦敦经济学院哲学学士学位；次年进入金融业，从事黄金等商品和股票的套利活动；1956 年，迁居到美国，到纽约从事交易员，负责买卖股票。1973 年，创立索罗斯基金管理。

索罗斯信奉“弱肉强食”投资理念，1992 年狙击英镑大赚 20 亿美元；1993 年登上华尔街 100 名富翁排行榜；1997 年狙击泰铢掀起亚洲金融风暴，闪袭香港金融市场，使港元汇率一路下滑，金融市场一片混乱，当时香港金融管理局立即入市，并在中央政府全力支持下令索罗斯征战香港损失惨重。

由于喜欢和各国央行对着干，被视为金融“坏小子”。

有没有适合普通家庭的投资方式呢?

大卫·斯文森所坚持的多元化资产配置，值得我们普通家庭学习。

◆ 理财大师大卫·斯文森

1985 年，大卫·斯文森接手了耶鲁大学捐赠基金。

当时，基金的总规模仅有 13 亿美元。在此之前，耶鲁大学大部分的学校支出都没有从这个基金中支取，因为收益实在太少，耶鲁甚至还因为基金运作问题陷入了财政困难。

自从大卫·斯文森接手之后，基金规模已经达到了 312 亿美元（截至 2020 年 6 月），为耶鲁大学提供了有力的财政支持，不仅覆盖了耶鲁教职工的薪水，还为半数以上的学生提供了经济支持。

近 20 年，耶鲁捐赠基金的平均年化回报率达到了 11.4%，中间极少出现亏损。即便在 2008—2009 年的次贷危机中，亏损也较少。

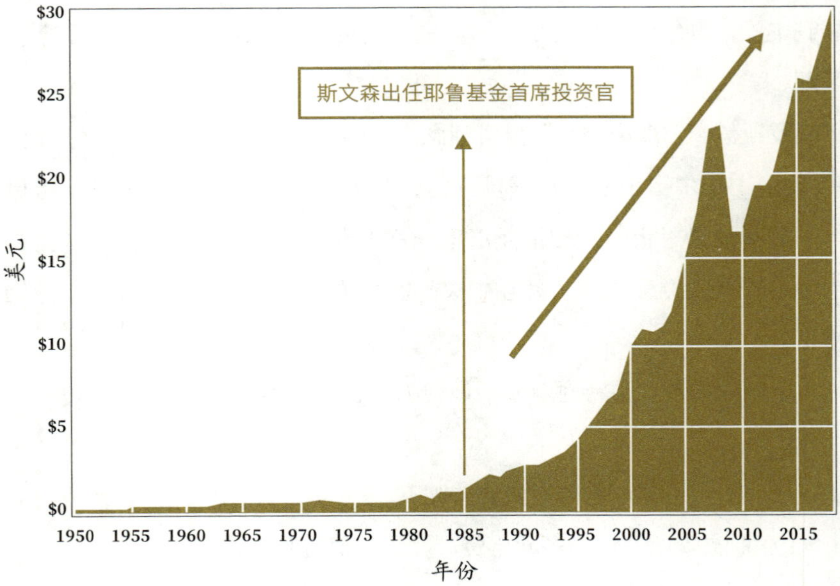

耶鲁捐赠基金1950—2018年市值表

相比巴菲特持有比亚迪 13 年获利 25 倍的成绩，这个收益率看起来算不上彪炳。

可是，一个大学的捐赠基金，它有固定的支出目标，需要维持大学的日常支出，不可能去承担巨大波动。

在不能有大亏损的前提上，还能实现 10% 以上的年化回报率，实属难能可贵。这正是资产配置与普通家庭理财极为相似的地方。

资产配置，并不是斯文森的原创，这个概念的诞生应该追溯到 20 世纪 50 年代。

当时，以马科维茨为代表的学院派经济学家和统计学家，在市场有效性的基础上建立了“马科维茨投资组合模型”。

这个组合模型在一系列假设的前提下，告诉我们：

在可以承受的最大波动的前提下，可以从各种各样的资产中配置出一个收益最高的组合；或者在可预期的收益水平下，从各类资产配置出一个波动风险最低的组合。

这就是我们应该拥有的最佳投资组合。

这个理论在学术上早已证明其成功，在实操中却很少有人能找到实际运作的方式，大卫·斯文森无疑是运用这个理论最成功的人之一。

视频｜马科维茨模型介绍

33 真正的“鸡蛋不放在同一个篮子”

资产配置，和我们简单理解的“鸡蛋不放在同一个篮子里”，有什么不同？

一般人对于资产的分类，往往是按照资产的组织形态，也就是外包装来分的。

比如说，很多朋友认为，基金是一类资产，股票是一类资产，两样都投资一点，就叫资产配置了。

殊不知，这种资产配置与真正的经济学家或者投资专家的理论大相径庭。

基金，只是一种组织形式，它是以法定托管的架构把钱集中起来，由专人管理，再投资到某类资产中，比如股市。基金是组织形式，股票才是资产。

如果买了 A 股的龙头股、蓝筹股，又在某宝买 A 股基金，再去保险公司买投资连结险，其实买来买去还是在投资 A 股；

再或者，这边买完信托，那边又投个房地产，也是同样道理。因为在中国，绝大部分信托都是放给房地产商的。

这些所谓的不同资产类型，只是形式上不同，实际标的完全一样。一荣俱荣，一损俱损。在这种分类标准下，所有的配置都是失效的，不符合在同样收益率下控制波动性的大原则。

斯文森怎么做的呢?

◆ 原则一：资产分类

首先，斯文森以风险和收益属性为标准，把各种资产分成了五大类（风险属性由低到高）：

1. 现金类：银行存款、货币基金等。

特点：风险低、流动性强，但收益也低，无法战胜通胀。

2. 固定收益类：各类债券。

特点：相对风险更高，收益也更高，需要承担违约风险。

3. 权益类：股票、股票型基金、私募股权等。

特点：风险更高，但从中长期看，不同国家的市场具有较强不相关性。

4. 实物类：包括但不限于房产、黄金、石油、古董字画等实物。

特点：具有迷惑性，会给人以低风险的假象。

5. 衍生类：在前四类资产的基础上买外围，包括期货及围绕期货的所有产品。

特点：风险极高，与赌博无异，不适合普通投资者；但与前四类资产相关性低，在对冲波动性上有较大作用。

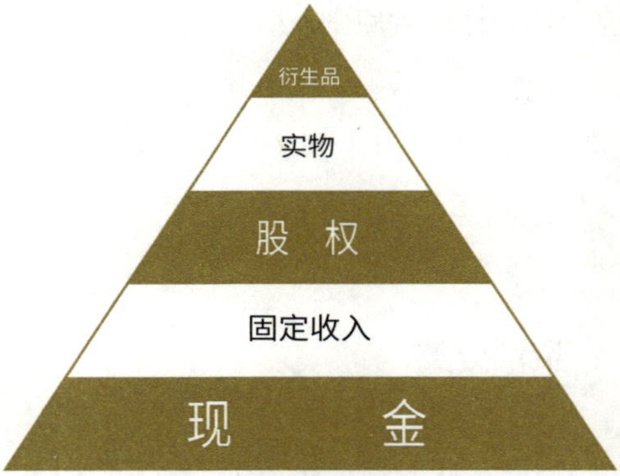

资产分类图

这是厘清各类资产不相关性的第一步。

◆ 原则二：放眼全球

在上述五大类资产中，根据全球不同市场，切分出更多投资标的。

在大卫·斯文森配置的投资组合里，对权益类资产都会有发达国家市场、发展中国家市场或者新兴市场的分类。

他从来不会把所有资产配于本国的股票，更不会全部配在一支股票；

当然，他也不会只配股票，相应的固收类资产，或者是另类投资，即所谓衍生品的对冲基金都会配置。

原则三：动态调整

确定了资产组合，并正式开始投资之后，还要适时结合投资者和市场动态，进行谨慎而勤勉的微调。

大卫·斯文森在他接管的耶鲁基金中，给每一大类资产都配备了专属团队。而自己作为总决策人，会根据不同团队的投资绩效，在各大类资产中进行微调。

可想而知，这样一个基金操作团队既专业高效，消耗的人力又不多，而且还能激发不同团队之间的相互竞争，提高各类资产的业绩。

经过一层层自上而下的决策，形成了既有动态的管理，同时又谨遵大类资产配置原则的稳定配置，这样才有可能让整个配置穿越牛熊。

这个过程说起来简单，实际上相当专业。

斯文森留下了两本传世之作，一本是面对个人投资者的《不落俗套的成功》（国内重版后改名《非凡的成功》[1]），另外一本是面对机构投资者的《机构投资的创新之路》[2]。

斯文森有一位很有名的中国学生——高瓴资本的创始人兼 CEO（首席执行官）张磊。

普通家庭可以从这位堪称伟大的投资者身上学到什么呢？不去盲目追求和模仿身边的各种“投资明星”。

今天把一个基金经理捧为 idol（偶像），明天又相信了巴菲特的选股理念，或者是在网上随机看到一个短视频就开始效仿其中的投资理念，必将使人沦为韭菜。

大卫·斯文森在自己的著作中引证了一个数据：古往今来，在机构投资者的投资中，在投资收益的变动中，有 90% 是由资产配置决定的，剩下的

1　大卫·F. 史文森 . 非凡的成功 . 北京：中国人民大学出版社 2020.

2　大卫·F. 史文森 . 机构投资的创新之路 . 北京：中国人民大学出版社 2020.

10% 才是源于选股择时。

换言之，如果历史上的机构投资总收益有 100 亿，其中 90 亿都得益于良好的资产配置，只有剩下的 10 亿是巴菲特、索罗斯这些人挣的。

想在这么低的份额中和巴菲特、索罗斯抢食，一不经意就会成为被收割的对象。只有坚持长期的资产配置，才可能让我们立于不败之地。

这个过程如此复杂和专业，普通人不可能像斯文森一样，建立起庞大的投资团队，应该怎么办呢？

其实，我们身边已经有了非常好的实现方式，就是基金。

基金并不是单一的投资标的，而是一种资产的组合形式，它是最适合普通家庭以较低门槛做资产配置的一种投资工具。

比如说，如果我们想投资固收类资产，可以配置某个市场的债券型基金；

想持有权益类资产，比如 A 股或美股，可以配置 A 股市场或美股市场的指数基金；

想持有实物类资产，可以配置黄金 ETF（交易型开放式指数基金）基金等等。

有了实现资产配置的基本工具之后，谁来帮我们结合自身支付水平、预期收益，以及风险承受能力，制定大类资产配置组合呢？谁又能帮我们根据市场动态，给投资组合做微调呢？

为了解决这个问题，我从 2016 年开始开发谱蓝智能定投工具。

谱蓝智能定投工具，就是大卫·斯文森的理念在普通家庭理财中的实践。它是我们根据大类资产配置的理念，自上而下地选择资产，并且结合不同个体的风险承受能力来确定支出，再用基金做定制化资产配置的一个智能平台。

因应每个家庭、每个个体的需求，长期地管理我们的养老金和教育金，帮助家庭在越来越波动的市场中，像耶鲁捐赠基金一样穿越牛熊，这是我的初衷，也是我的目标。

34 风险评测，了解自己

进行资产配置之前，我们要对家庭进行风险承受能力的分析，用科学的方法，先测算出家庭能够承受的风险，在可承受的前提下获得最合理收益。此过程称为风险评估测试。

你可能会困惑，钱是我的，我想怎么花就怎么花，为啥还要评估？毕竟评估要回答各种问题，说不定还涉及隐私。

政策背景

2017 年 6 月，中国基金业协会发布了《基金募集机构投资者适当性管理实施指引》

第二十六条　对普通投资者细化分类管理的具体标准：

专业投资者之外的，符合法律、法规要求，可以从事基金交易活动的投资者为普通投资者。

基金募集机构应当按照风险承受能力，将普通投资者由低到高至少分为 C1（含风险承受能力最低类别）、C2、C3、C4、C5 五种类型。

基金募集机构应当通过适当的方式将分类方法、标准、程序等信息公示。

第三十八条　基金产品或者服务的风险等级应当按照风险由低到高顺序，至少划分为：R1、R2、R3、R4、R5 五个等级。

基金募集机构可以根据实际情况在前款所列等级的基础上进一步进行风险细分。

第四十五条　基金募集机构应当根据普通投资者风险承受能力和基金产品或者服务的风险等级建立以下适当性匹配原则：

（一）C1 型（含最低风险承受能力类别）普通投资者可以购买 R1 级基金产品或者服务；

（二）C2 型普通投资者可以购买 R2 级及以下风险等级的基金产品或者服务；

（三）C3 型普通投资者可以购买 R3 级及以下风险等级的基金产品或者服务；

（四）C4 型普通投资者可以购买 R4 级及以下风险等级的基金产品或者服务；

（五）C5 型普通投资者可以购买所有风险等级的基金产品或者服务。

2016 年 12 月，中国证监会发布第 130 号令《证券期货投资者适当性管理办法》

第二十二条　禁止经营机构进行下列销售产品或者提供 服务的活动：

（一）向不符合准入要求的投资者销售产品或者提供服务；

（二）向投资者就不确定事项提供确定性的判断，或者告知投资者有可能使其误认为具有确定性的意见；

（三）向普通投资者主动推介风险等级高于其风险承受能力的产品或者服务；

（四）向普通投资者主动推介不符合其投资目标的产品或者服务；

（五）向风险承受能力最低类别的投资者销售或者提供风险等级高于其风险承受能力的产品或者服务；

（六）其他违背适当性要求，损害投资者合法权益的行为。

过去也要填风险测评，但填了当一张废纸，谁也不按这个操作，导致大量不应该购置高风险基金的人，购置了高风险基金，比如说已经60岁退休的人，买了分级基金，结果退休金全部亏光，这个就是香港之前的雷曼迷你债的翻版。

风险测评，从主观和客观两方面来评估你投资承受波动性的能力。

比如，客观上，年龄越大，能承受的波动性就越低，比如老人，就不应该去再投高波动性的分级基金、对冲基金。收入越低，相对的风险承受能力也越低……这都是客观因素。

还有一些主观心理因素。有些人亏了百分之三四十，心里没啥感觉；有些人每天只要有一点波动，就极为焦虑。

做风险测评非常有意义，越严格越好，你要认真对待。如果一天跌一个百分点，你就要赎回，我个人认为，你是不适合任何理财投资行为的。

这类朋友，应该接受深入的“反恐”教育，要战胜心里对投资波动性的恐惧。否则，你的人生将跟收益无关，你的所有资产都不可能战胜通货膨胀。

2017年7月28日

附：风险评估需要思考并回答的问题

1. 你（们）的投资经验如何（多长时间，投资过哪些产品）？

2. 你（们）面对损失的心态如何，亏损比例达到多少会歇斯底里？

3. 投资的目标是什么？（养老，教育还是年底旅游）和周期多长？（1 年，3 年或 10 年）

4. 手头现金是否紧张？能支持多久开支？还贷压力如何？

5. 预计未来收入是下降还是持平？

35 个案1 45岁人生自由可能吗?

在中国经济高速发展的10多年，80后走上工作岗位后，赶上了两件事：

第一件事，资产泡沫急速增加，尤其是不动产的泡沫。现在的80后可能或多或少有一两套房子；第二件事，社会福利体系的解构，原先的城市公办体系（养老、教育、医疗）逐渐瓦解，取而代之的是社保体系。

80后是比较幸福的一代，赶上了中国经济发展最快速的时期，同时也是最焦虑的一代。80后中产家庭完全有资源规划滋润的退休生活，只要确定自己期许的生活品质以及实现目标的年限，稍微改一下生活习惯，规划好自己每个月的收支，就算没有之前投资房产所得到的意外惊喜，你也会发现，在不降低现有的生活品质的情况下，在不改变80后活在当下的生活理念的情况下，也能逐渐地实现人生自由、财务自由。

主角：赵先生夫妇

年龄：均为34岁

渴望退休年龄：45 岁

预期寿命：80 岁

这是一个享乐型的家庭。赵先生夫妇是朋友眼中的“生活达人”，这对 80 后夫妻的价值观是，坚持不超过 35 万元的存款，理由是“人生得意须尽欢，今朝有酒今朝醉”，挣钱就是为了更好地满足物质追求。

树立目标

赵先生和太太预计 45 岁退休，预期寿命是 80 岁，我们假设以现在为基准，如果赵先生跟太太今天就退休，在不考虑孩子和房贷等因素的情况下，赵先生理想的状态是两人每月 12 000 元生活费用，每年预留 30 000 元的医疗保健费用和 60 000 元的旅游花费，旅游截止到 70 岁。

梳理资源

设立目标后，要清楚目前家庭能够用来解决目标的财务资源。

1. 现有存量（靠过往工作所积累的财富）：20 万元固定的存款，12 万元理财产品。

2. 未来流量（工作所得）：家庭年收入是 80 万元，家庭物业价值 300 万元，汽车 20 万元，算是一个比较小资的家庭。每年家庭固定的开支 50 万元，10 万元左右的弹性花费，剩下的钱就会用去旅行。

初步测算

按照赵先生现在的预期，如果今年退休，每年生活费得 23 万元，退休后有 40 年是处于退休状态的，而现在距离退休只有 10 年了，且每年家庭盈余不超过 30 万元，不用考虑任何的通胀因素，230 000×40=920 万元 >300 000×10=300 万元，直接目测，即使是考虑通用因素和投资回报，目标也是远远达不到的。

理财规划毕竟不是变魔术，理财规划是指理财师利用所有金融工具，借以我们庞大的数据库来协助客户，确保客户目标实现的一个过程。

在我们的建议下，赵先生重新认真审视了自己的目标，最终考虑将退休生活调整为每月 12 000 元，医疗保健每年 3000 元，旅游每年 60 000 元的生活预期，退休年龄延后至 55 岁，我们再来算算目标是否可行。

调整后：

1. 老年生活支出需多少钱？

计算养老金的总需求

根据设定的退休时间和预期寿命，按照北京社保最高标准缴养老金，生活费用成长率（按照通胀的 5%），计算出退休后每一年的费用，再把每一年的费用都贴现到 55 岁退休那一年，计算出养老金的总需求一共是 1455 万元。

2. 社保养老能够领多少钱？

计算养老金总供给

根据现在缴的社保的水平和往后继续供款的年期，我们计算在退休那一天究竟每年可以得到多少退休金，计算出我们养老金的总供给为 776 万元。

3. 距离预期的生活状态的差距是多少？

计算养老金的赤字退休的缺口 = 退休金的总需求－退休金的总供应

缺口 =1455 万元－ 776 万元 =679 万元

4. 退休规划赤字的弥补

计算年储蓄额

当退休规划出现赤字 679 万元时，赵先生显得有些惆怅与迷惘，难道这样一个简单的生活品质都难以实现吗？其实退休出现缺口时，可以通过很多途径去弥补，如减少当期消费，增加退休资产配置比重，延迟退休，降低或减少退休生活目标，或采取更为积极的投资策略。

例如：把赤字的金额根据退休金的预期增长率 8% 的收益率，平均分配到每一个月，计算出我们储备的金额。

600 多万元，看似一个天文数字，但如果专款专用，从现在开始为夫妻俩的养老开始储备，每月 16 000 元，一直坚持 20 年，达成养老目标的概率可达 81%。

赵先生回去按了按计算器，原来每月存 16 000 元，并保有 8% 的回报就够了。赵先生松了一口气，以自己的收入，应该能负担得起。

根据赵先生的风险承受能力，要实现长期回报 8%，必须通过很多风险不相关的资产的配置，从而起到降低风险、提高收益的作用。经过反复计算，赵先生算出了一个适合自己的资产配置。

回到现实，这仅仅是简述了退休规划的目标，如果囊括生活方方面面的目标，如购房、医疗、孩子教育、家庭保障等，那将是一个更复杂的分析过程。

2014 年 11 月

36 个案2 “癌症”虚惊后感悟

分享人：塘妇

性别：女

年龄：42 岁

职业：公务员

学历：某 985 高校文学硕士

家庭：三口之家

孩子：7 岁

我曾是月光族，薪资悉数用于买华衣、尝美食、环游世界。

33 岁，成家育儿，面临着买房、装修、养儿育儿等重任，我手里存不下一个钢镚，倍感担子之重，才慢慢开始理财。后来，即使身体查出疾病，先生创业资金周转艰难，我也能应对。觉悟得有些迟，但是晚开始胜于从不开始。

给还在今朝有酒今朝醉的年轻人提个醒：幸福快乐不一定要通过金钱才能获取，但树立正确的理财观念，保持个人财务状况健康，能够使你的人生更大程度远离焦虑，接近幸福。

◆ 疾病来袭，幸有盔甲防身

2017 年有一阵子觉得左边乳腺常常会痛，不敢大意，去医院做了 B 超。医生检查完，又让我做了一个钼靶，片子出来，医生告诉我，左边属于乳腺增生，倒是右边乳腺里，有个阴影，怀疑肿瘤，需要做活检，看是良性还是恶性，再进一步治疗。

坏事情都结伴来。父母年迈，母亲突发急性胰腺炎住了十几天医院，刚刚出院休养。老公因为生意贷款的事情和我有分歧，双方冷战，婚姻摇摇欲坠。且不说孩子刚刚六岁，还是最需要妈妈的年龄。

这个时候身体又来添乱，心里不是不崩溃的。我木然地捏着医生开的住院通知书，只想躲到一个角落放声大哭。

然而中年人的世界里没有容易解决的问题，也没有可以肆意挥洒的泪水，我的悲伤，大约只持续了十分钟。不能再多了，再过半小时，孩子就要放学。我要赶在这之前把钢琴课本送去琴行，他晚上有钢琴课；然后去母亲那边做晚饭，做完饭再去托管接孩子。环环相扣，只有功夫喘气，没有时间悲伤。

我迅速冷静下来，利用这宝贵的半小时分析了一下最坏的情况。住院治疗方面，单位有公费医疗，可以覆盖百分之九十的医疗费用，我另外还有一份保额 15 万元的重疾险做后备。现在住的房子没有房贷，银行里约有现金 10 万元，稳健型理财产品 25 万元。

这种计算下来，即使检查结果是最不愿意看到的一面，起码在经济上，我可以依靠自己来渡过这次难关。

自信满满被推进手术室，上天还是眷顾我，检查结果是良性，手术后定期复查即可。我和老公的关系也因为这场疾病有所缓解，一个坎算是迈过。

◆ 单身时候，我是个月光族

如果换做十年前的我，应该做不到如此冷静独立。

人生前三十年，我属于工作生活经历都比较顺的那种。大学毕业就进了现在的单位，待遇在当时算相当不错。所谓不错就是别的同学拿三四千元工资的时候，我每月到手工资就有七八千左右。

而且没有负担，住的房子是哥哥的，父母本身有收入，无需供养。自己的工资悉数用在个人消费上，每月几乎月光。

2002年广州的房子均价只有4000元，二成首付，和我一批进来的同事，特别是男同事，都省吃俭用，很快就买了自己的房子。

我什么都想买，除了买房。这种降低自己生活质量的买卖，完全不在我的考虑范围内。

我做过的唯一投资是跟风开了股票账户，但因为毫无研究，赶上股市低迷，本金10万元腰折，失败告终，从此便断了赚钱的念头，一心一意推动消费。

◆ 莫道闲钱抛却爽，每到用时，惆怅还依旧

这样的状态保持到了33岁那年。

我有了谈婚论嫁的对象，组建家庭、生儿育女已经提上日程。

对象自己的房子离我父母住的地方很远。考虑到孩子出生后需要父母帮忙的时间很多，我决定在父母附近买房子。

2010年房价已经开始上涨，原来七八千一平方米带省一级学位的房子，华丽丽涨到1.5万元至2万元每平方米。

我的工资依旧是十年前的水平，所幸还有单位强制的公积金储蓄，加上父母心疼女儿掏的私己钱，凑齐了全部房款，使我免贷款拥有一套自己的房子。

房子交易和装修的过程让我实实在在体验了什么叫作“倾囊而出”，工资每月一到账，不是变成装修材料，就是变成家具和电器，左手进右手出，留不下一个钢镚。

装修完不久，我发现自己怀孕了，十月怀胎，生下儿子。开心之余，压力骤然加大。为人母，心里自然恨不得为孩子鲜花铺路，一辈子免他冻，免他苦，免他四下流离，无枝可依。

但是看看银行账户，四顾心茫然：

工资用于支付月嫂费用，奶粉尿布费用和日常开销，已经所剩无几。老公自己开店做外贸批发生意，早些年赚了一些钱，但全部投入去开工厂，扩张时遇到外贸萎缩，目前处于勉强维持的状态。对家庭的支持，是每个月3500元到5000元不等的家用，不定时，不定额，完全取决于当月的生意情况。

我们家庭表面上看起来有房有车，但是由于老公生意的不稳定性，家庭实际可流动资金就是我还不足十万的存款。如果家里出个什么意外，除了卖房子，完全没有其他自救能力。

每每想到这点，再看看少得可怜的存款，便开始焦虑不安。

何以解忧，唯有保险

如果说单身时候我还做过靠谱的事，便是给自己买了文章开头所提的那份重疾加寿险的保险，保额一共 35 万元。尽管根据现在的消费指数，保额偏少，但是它还是像一颗定心丹，稍微稳住我惶惶不安的内心。

刚生完孩子，家里流动资金紧缺，我很是紧张。我咨询了理财师，想为孩子也买一份保险。

她听完我的种种焦虑，给我的建议却是，在资金有限的情况下，首先要给家庭支柱上保险，确保经济支柱发生意外不能提供收入时，家庭还能够正常运作。

我的保障目前基本足够，而老公把所有资金投入生意，没有社保，更别提商业保险。如果他发生意外，会让家庭陷入困境。理财师提议老公一是要立即购买社保，其次购买一份重疾保险作为补充。当时，我老公已经 40 岁，买了一份保额 40 万左右，保终身的重疾险。

理财师还问我，想送孩子去哪儿受教育？当时我的回答是，去美国接受大学、研究生教育。她也帮我计算了教育金，发现需要每月定存 1 万元教育基金才能大概率实现目标。

规划很美好，现实很骨感，我没有这么多的余钱。当时我哺乳假期间，每月工资只有不到 3000 元。老公的外贸生意继续萎缩，每月给的家用数目降到 2000 元。

理财师建议我调整放低教育目标，且也要考虑个人的养老金定存，但是我想再苦不能苦孩子，所以，每月工资到账，我会强制拿出 1000 元做基金定投。

◆ 一波未平，一波又起

产假上班后，工资恢复原来水平，经过几次调整，还略有增加，到手工资约 1 万元左右。我把基金定投增加至每月 2000 元，同时把活期存款全部转为货币基金，既提高收益，又能保持流动性。

尽管日子过得节俭，但财务状况渐渐稳中有升。

孩子一两岁的时候，老公做出了一个重大决定，关掉亏损工厂，结束不景气的批发生意，转向境外电商生意。虽然经营的还是同样的产品，但是经营模式是全新的，等于一切重来。

作为支持，我拿出储蓄，并用自己的名义（公务员身份）做了两笔信用贷款，一笔 14 万元，每月还息，一年到期还本，可循环借三年。另一笔 29.5 万元，每月本息连还，三年还清。

这是我长这么大第一次借银行的钱，尽管老公拍胸口保证他负责还款，我心里还是不踏实。加上他的房子抵押贷款的 150 万元，每个月需要还款的金额数目不小，而生意尚在摸索阶段，成功与否还是个未知数。

此后两年分外艰辛。老公履行他的承诺，负责所有债务，而家庭开销的担子，包括衣食住行和孩子的各类教育费用，完全落在我头上。

尽管有点紧巴巴，我还是坚持每月的强制储蓄，宁可把个人消费降为零。

除此之外，我又找了理财师，让她重新帮忙配置保险。我为老公追加了一份保额 50 万元的住院医疗险，给儿子购买一份保额 35 万元的重疾险。没想到，时隔几年，国内保险变化这么大，保费也越来越便宜了。

虽然生活消费比起单身时天差地别，但看着银行存款一点点增加，家庭的保障一点点完善，心里的踏实和自在是不言而喻的。当然还是有一件事让我至今后悔，给老公小孩增加保险时，理财师建议我为自己增加一份重疾险，可我因为经济问题，不了了之，接着便被查出疑似乳腺肿瘤。虽然手术治愈，但已经基本失去继续购买重疾险的资格。

革命尚未成功，同志仍需努力

经过三年奋斗，老公的电商生意稳步上升，资金压力开始减小，每月又可以继续给家庭提供5000至10 000元左右的家用。我除了正常上班，偶尔也接点写作的工作，收入进一步增加。

我再次增加强制储蓄的金额，每月定投4000元，定存3000元。

我周围一些朋友，更热衷于P2P平台每年10%—15%的高回报。但我从不尝试，不是不心动，而是懂得高回报必然伴随高风险，我的家庭，还无法承受本金全部损失的风险（2019年P2P爆雷，我听说的，身边就有不下5个朋友或者同事，损失金额在30万元以上）。

孩子一年级的时候，我们不太满意现在的学校，就把老公的那套房子置换为学位房。由于老公的房子已经有150万元的抵押，所以房子卖了还掉银行贷款，余款还要再加一些才能付学位房的首付，尾款分20年还清。我和老公都是40多岁，黄金工作时间不会超过15年。

为了对家庭现在的财务状况和风险有个准确估算，我再次找到了理财师寻求帮助。

这次咨询，我本来还有点自信。我这些年坚持定投和理财，手上已经有了约70万元的金融资产，不再像当年，两手空空，满场抓瞎。

不料一做评估，财务状况的健康评级还是不合格。原因是家庭总资产中固定资产的比例过大，流动资金金额过小。这几乎是中国90%家庭的通病，大部分人还并不自知。

由于房贷压力和经营负债，根据夫妻家庭收入百分比的划分，理财师建议我先生补充一个保额为150万元，年供7860元的寿险；我则补充保额50万元，年供1150元的寿险，和一个6年保证续保的医疗补充险。

重新梳理财务后，我也才深刻意识到，自己的教育缺口巨大。

7年前，我未能按计划定存教育金，7年后，发现如果还是按原计划送孩子去美国读大学和研究生，需要每个月定存近 1.8 万元教育基金。

在分析和征求我的意见后，理财师建议我，将孩子的教育目标改成在国内接受大学教育，研究生再出国，如此，我每月定存 5000 元左右教育基金即可。

年岁渐长，我也开始关心养老，还好，分析后发现养老缺口不大，稍稍吃了一颗定心丸。社保加上既有存款，发现退休后要维持既有的生活水准，每月定存 1300 元左右即可。

我采纳了她的建议。人生路漫漫，没有一成不变的保险，也没有一步就到的目标。唯有系统量化风险，定期增加删减保险，不断调整目标，把控好财务，才能让家庭向更好的生活稳定前行。

我不后悔单身时代的享乐生涯，钱花出去，视野也开阔了，对性格养成和品味培养不是坏事。

只不过如果再来一次，我大概会更加理性分配收入，避免买房结婚生子几件大事集中一起，造成混乱。每一个阶段的人生，无论吃苦还是享福，只要自己能坦然面对，自己可以给自己依靠，在我看来，便是精彩人生。

2019 年 6 月 26 日

37 个案3 执行规划两年后，我“悔不当初”

分享人：小银

性别：女

年龄：35 岁

学历：本科

家庭：四口之家

2018 年，我开始执行理财规划，每个月缴费，通过信用卡支付。回想两年来的成长，我真的是“后悔不已”——

后悔自己做理财规划做晚了，后悔没能早点有理财的意识并行动。

但更多的是感谢，感谢理财规划师的鼓励与引导，感谢这两年来自己的坚持和执着的行动力。

◆ 开始规划前的人生

做理财规划之前，我对钱没有太具体的概念。

我来自一个小康之家，父母做小本生意，靠吃苦耐劳为我提供了还算宽裕的生活。

我自小很乖，父母对我也比较放心。初中开始寄宿后，父母并不限制我的生活费和零花钱。不过因为从小看到父母勤俭努力地工作生活，我也养成了不乱花钱的习惯，生活也比较节约。

2007 年本科毕业时，我居然省下了 5000 元生活费。

我的父母做小本买卖，没有固定收入，挣的是流水钱，需要资金不断周转。

我爸只负责挣钱，钱全数交给我妈来管，需要资金投入的时候，就问我妈要。但我妈没有记账习惯，他们也不是很清楚一年的收支到底多少，到年底归账，才有个大概的数；一年花了多少，自然也是不太清楚的。

耳濡目染父母处理财务的方式，我也不自觉地养成了一种比较随意的金钱观和消费习惯。毕业后，除了每个月固定房租外，平时我需要什么就买了，没啥规划。但我的账户上一直都有结余，自我感觉还不错。

但这种良好的自我感觉，婚后慢慢动摇，直到老二出生后彻底瓦解。

毕业工作没多久，我和老公相识，一年后结婚。

当时我们约定财务各自独立，各人拿自己的工资。家里支出老公负责，我负责自己和孩子的支出。

买房时，我跟老公生出了嫌隙。虽然我拿出了全部存款，还把父母积蓄也掏空，老公却认为家庭日常支出都靠他，我支出不多存款不可能这么少，怀疑我有所保留；我明明已经倾尽所有，却招来猜忌……我们的感情有了裂痕。

这时，我发现自己怀上了老二。

老二出生后，我的支出越来越大。每个月孩子要吃、要用、要上早教班，收入基本上月月光。

作为妈妈，我看着两个孩子越来越大，总是想给她们更多的保障，除了生活无忧，更想她们在教育上有好的起点。

每每听闻朋友孩子生病，想着两个孩子没有保险，万一遇到意外或是生病，看看自己账户上所剩无几，内心很焦虑，再想想孩子长大后上大学，甚至出国留学，心里更是没有底……

幸好我父母竭尽全力帮我，出钱又出力，我更愧疚了：不仅没能报答父母，反而成了“啃老族”；老公认为我有工资有存款，自己支出是应该的……

从小到大没为钱烦恼过的我，陷入了迷茫和焦虑中，晚上睡不着觉，白天喘不上气，人越来越抑郁，总是无缘无故对孩子发火或者忍不住流泪。

我知道自己精神状态不对劲，竭尽全力找出路；但又没有人帮我，只能自己钻牛角尖。我努力抛开繁杂的思绪，尽量将自己担心的问题简单化地分析归因：

第一，我自己最焦虑的是自己的收入无法保证孩子日常开销和未来的开支；

第二，我烦躁的是面对经济问题，夫妻观点不同，又无法沟通达成一致；

第三，我对自己有不满，面对生活，我自己没有规划，也缺乏信心。

理清楚轻重缓急后，我决定先从最焦虑的事情入手：既然老公不认同，我就自己先给两个孩子买个保险，万一遇到大病或者意外，起码有一个基本保障。

抱着这种心理，我开始关注保险信息，看朋友圈里的保险推文，微信咨询保险代理销售，努力了解各种让人眼花缭乱的保险产品……对于一个保险小白来说，想在短时间内弄明白自己需要什么保险，真的好难。

这时又出现了一种新的声音，有人推荐我买教育金保险，为孩子上大学、结婚做储备，我听了也挺心动，但健康和教育保障能不能两者兼得呢？……

就在我不知道如何选择的时候，一次和好友聊天，她向我推荐了孙明展老师的公众号。刚开始我有点疑虑：在网上通过陌生人买保险靠谱吗？现在新闻里网络诈骗陷阱那么多。

她笑笑说：没让你在那儿买保险，你可以咨询一下买什么怎么买，咨询是免费的，先听听人家怎么说，觉得不放心就走人，就当聊天了。

想想也是，我加的保险代理人微信也不是一个两个了。于是，我通过关注了“孙明展”公众号，添加了理财规划师的微信，开始咨询。

◆ 这是命运转折的分界线

毫不夸张地说，这次理财规划的沟通，为我打开了新世界的大门，不仅帮我解决了现实生活中的焦虑，甚至还帮我更新了婚姻观。

第一步：纠正认识偏差

我的计划是想给两个孩子买保险和准备教育金，但规划师并没有像之前遇到的保险代理人一样，先问孩子多大、想买多少钱的保险，而是先问我家庭主要经济贡献者是谁，是否为工作挣钱的人购买了保险，购买的是什么保险……

当时，我很不耐烦强调，我就是想给孩子购买大病和意外保障，再看看买哪种教育基金合适。

规划师也不着急，而是指出我的问题所在：

从感情上父母总是最在意孩子，想给孩子很好的保障，这没有错；但是从财务角度讲，目前孩子对家庭经济只是消费，没有贡献，最需要保障的其实是家庭支柱。

刚开始我多少还是有些接受不了，觉得自己经济能力有限，给自己买保险而不给孩子买，好像枉为人母。

当天晚上躺在床上反复思量，规划师说的很对——

买所有保险的前提是我能挣钱，万一我发生什么状况，就没有后面任何讨论的余地了。

第二步：利益关系要厘清

规划师了解到我的家庭是双职工，但是夫妻双方在购买保险上观点不一致后，告诉我：

> 我的收入和资金是夫妻双方共同的财产，如果想买保险，最好和丈夫沟通好，至少他不反对我有这种资金支出。

她没有强迫我去说服我丈夫也要多买一份保险，而且人情味十足地提醒我，应该让丈夫知情我的消费支出。

第三步：明确家庭收支

明确了各种前提条件都合适了以后，规划师又让我填一个长长的表格。

这是一张详细的家庭收支表格，里面按照收入和支出分开，每一项里面又包含很详细的小项目。分类和归属都很详细具体，包括水电、生活费等每个月的固定支出，还有衣服、亲友人情等按季度计算的费用，以及旅游、孝敬父母等按年进行的年支出费用……

望着这个长长的列表，我有点不知所措，我只是知道自己的收入水平，对于自己的消费是没有规划的，觉得价格合理就买，具体每个月自己的支出有哪些、每一项有多少钱、占多少比例，完全没有概念。

我把情况和规划师说明后，她告诉我：

这张表格就是要让客户清晰自己的收入和支出，把类别和金额确定，对自己现有的账户情况明确以后，再根据期望值做保险的产品选择。

之前不清晰也没有关系，把大概数额填好，大的支出和收入清楚了，小的可以按照多消费少结余的原则填写，做统计时可以结余少一些，做规划保守一些，后面清晰了再补充和调整，而不是一开始把结余往多算，后面执行起规划来却发现压力大、无法坚持。

第四步：选择产品很慢很慢

填写完收入支出费用详表后，选择产品种类的过程进行得很慢，这个过程也不断刷新我自己的认知。

理财规划师建议我：先为自己配齐保障性保险，再考虑孩子。

在类别选择上，在刚开始资金有限的时候，给自己配置齐全且保额充足的大病、意外、医疗后，给孩子选择保额小一些的大病、意外和医疗，等后面有条件了再补充。

如果资金不足，养老投入也可以先缓一缓，不过只要有条件，还是应该尽快先开始为养老做储备。

我还想为孩子未来教育做准备，规划师就不建议我选择几大家保险公司推出的教育金险，而是建议我——

进行综合配置，通过每个月固定投入，达到长期累积的效果，控制波动的同时尽量提高收益。

选择产品进行得很慢，规划师花了很多时间和我沟通。遇到原则性问题，比如受到一些人的影响，我坚持先给孩子买养老保险，而把自己的大病和意外保额降低时，她就会耐心地跟我详细分析，但绝不让步迎合我。

第五步：方案确定

当我们在整体保障原则性问题上达成一致后，规划师把各种条件输入，谱蓝保障规划黑科技几分钟就给出了三套方案，保额是一样的，但是每年投入的保费不一样。

我研究了一下各套方案，最大的不同就是，需要保费多的方案，有一定的现金价值回报，保费少的方案，现金价值少甚至没有。

按照以往的逻辑，既然都是要交钱，而且一交就要交 10 年 20 年，肯定是选有现金价值回报，而且现金价值高的方案啊。

规划师却建议我选保费投入少的方案。

我很不明白：同样是每年缴费，一个是多缴一些，到最后不仅得到了保障，还有现金回报；一个是虽然便宜，但没有任何现金价值，那不是相当于交的钱“打了水漂”嘛，怎么会前者反而不如后者呢？！

规划师先从保险资金的收集、使用，以及利润分配的原则和数值入手，给我解释保险的原理，看我还是似懂非懂，又用公式来演示和说明这其中的差额是怎么来的。

她告诉我，如果把资金节约下来用于稳健型的投资，最后实际收益会比全部交保费获取收益高很多。这像一记当头棒喝，把我从赚蝇头小利的牛角尖中拽了出来。

执行了理财规划后，规划师又给了我两个建议：

整理收支列表：生活中大的收入和支出用 excel 表格管理，让自己清楚大方向上的收支状况；

记账：每天随时做记账，清晰记录下每一笔支出，哪怕是一分钱也要记录，并做类别归属和明细说明。

在规划师的提醒下，我硬着头皮开始在手机 App 上记录每一笔支出，做归类，月底做总结和对比。

记账 6 个月后，我已经很清楚自己的收支状况，明确每个月的消费和支出，大概每一类占比多少，在这个基础上就能做到有计划支出，遇到想买的东西会看一下设定的每个月支出还有没有结余，没有结余就下个月再买。

现在的我，生活中，因为有大病、意外和重疾的保障，不再害怕因病因意外的发生而带来巨变，安心了许多；对未来孩子们的教育，因为看到理财储蓄账户里每月都在稳定增长积累，有了很大的信心，安排生活支出也都放心了许多……

前所未有的踏实感也带来了自信，我的抑郁情绪不药而愈，亲子关系好了，父母也跟着开心。丈夫也感受到我的变化，对我的态度也有转变，偶尔会主动问我需不需要买什么东西。

现在，我已经执行了两年理财规划，偶尔回顾自己的生活，有点后悔自己没能早点有理财的意识并行动，想想两年前自己的状态，真是有点后怕。

感谢自己这几年的坚持，现在我计划着把养老补齐，再视情况补足孩子的保额。相信我的未来会越来越好。

2020 年 9 月 17 日

附录

Appendix

“孙明展”公众号文章目录

（2013年—2021年7月）

2013 年	
什么是真理财？	3 月 3 日
如何给孩子买保险之一：从家庭理财角度谈保险	3 月 6 日
如何给孩子买保险之二：门诊险	3 月 7 日
如何给孩子买保险之三：儿童重疾险	3 月 10 日
如何给孩子买保险之四：住院医疗险	3 月 13 日
论财商 1 ：培养延时满足能力	3 月 26 日
爱他就不要控制他	3 月 27 日
如何给孩子买保险之五：教育金保险	4 月 1 日
第三方理财和我的创业初衷	4 月 3 日
理财问题应该如何问?	4 月 7 日

悲催的“独一代”，30 年后房能养你吗?	5 月 1 日
做理财，不小心成了女性之友	5 月 6 日
有问有答：感觉赚的钱永远比花的钱少	6 月 1 日
中大讲座：从“卖药的”到金融“诊所”	6 月 21 日
钱荒了，小老百姓咋办?	7 月 7 日
致新派家长：我的责任不是你的压力	7 月 18 日
为什么受伤的总是中产阶级	7 月 25 日
家庭支柱如何购买重疾险?	8 月 1 日
致创业者：家庭财务与企业资金须彻底剥离	8 月 6 日
忙爸爸的 N 个育儿小诀窍	8 月 9 日
学着投资自己行业外的其他行业	9 月 7 日
论财商 2 ：延时满足，幸福之源	9 月 13 日
孩子能买超过 10 万的保险吗?	9 月 25 日
关于保险的豁免权	9 月 27 日
晚婚晚育家庭不得不面对的囧境	9 月 29 日
为什么他们曾年薪百万却笑不到最后	10 月 12 日
人生失败，谁是最大的敌人?	10 月 29 日
今天，我带孩子“摆地摊”	11 月 11 日
“月光族”没法理财? 别扯了!	12 月 11 日
家庭理财，索罗斯和巴菲特千万不能学	12 月 26 日

2014 年	
教育金规划路线图	1 月 29 日
帮孩子把压岁钱存起来是爱 TA ？大错特错!	2 月 14 日
谈谈好的管理者应该如何“说话”	2 月 20 日
技术帖：重疾险买多少才够	3 月 11 日
只关注孩子的保险，错了!	3 月 30 日
吃青春饭的朋友，请留出过冬的粮食	4 月 8 日
无情的我，无情的你（31 岁记者爸爸去世引发的思考）	4 月 15 日

从精算角度比较内地与香港保单之优劣	4月22日
理财第一步，谈高收益就 OUT 了	4月28日
关于时间与金钱（一位华德福家长给我的启发）	5月4日
到底该不该借钱给担保公司？	5月14日
投资成本究竟是不是冤枉钱？	5月26日
温州印象：民间融资天堂的理性回归	6月3日
理财第二步，梳理家庭资产负债和现金收支	6月13日
父亲节狂欢后的思考：如何建立与孩子的联结？	6月16日
再致晚婚晚育家庭：保守与乐观的辩证法	6月29日
致吃公家饭的朋友：看似稳定，实则最危险	7月3日
单身女性，要建立财产的“防火墙”	7月7日
打破“刚性兑付”是对投资规律的回归	7月17日
理财第三步，资产配置，用好自己的家底	7月29日
背负“四座大山”，你的家庭不需要规划未来？	8月6日
揭秘教育金规划误区：教育金险“保不了”教育金	8月10日
投资观念浮躁的时代，信托产品离你有多远？	8月15日
票据理财能成新任草根理财神器吗？	8月19日
谈谈你们最爱的银行系理财产品吧～	8月29日
看看 TA 们是怎么“夸”真理财的，感动，还是感动	9月9日
【晚婚晚育家庭系列之 3】保险不等于理财，再学 20 年就晚了	9月9日
30 年后，房能养你吗？	9月10日
新派家长醒一醒，莫沉迷亲子“心灵鸡汤”	9月11日
全职妈妈，请你像爱孩子一样爱自己	9月17日
从互联网金融产品谈起，现金类资产能战胜通胀吗？	9月19日
论财商 3：没有价值比较能力的父母，培养不出有财商的孩子	9月24日
如何做教育金规划？	9月26日
“八一八”谢霆锋的理财之道，他凭什么重新征服王菲？	10月1日
普通人最易沦陷的 6 大理财误区，看看你中招了没？	10月11日
限购令取消，中国房地产也不会有春天	10月22日

创业要留出“过冬”的粮食，千万不要把老婆孩子拖下水	10月24日
致天下父母：幸福时须未雨绸缪,莫让身后空余恨(副总编辑妈妈的遗憾)	10月29日
80后如何实现人生自由财务自由？转给你的小伙伴们	11月8日
黄金再陷低位，中国大妈还好吗？（兼谈房产等实物类投资的风险）	11月21日
也谈央妈降息：“嘴硬的鸭子”终于软了！	11月24日
怎么才能做到现金类资产的8%年收益增长？	11月27日
存款保险制度即将推出，银行更靠谱？更不靠谱？您别想多了！	12月3日
哈佛终身教授丘成桐：说中国学生基础好，是自我麻醉！（从我的数学之路谈谈）	12月4日
孩奴们，养老金准备好了吗？	12月10日
月光族如何建构家庭保障？	12月18日
朋友圈卖面膜，躺着就能赚大钱？告诉你微商营销的真相	12月18日
计划赶不上变化，变化终于来了！	12月23日
从理财的角度看，究竟如何记账呢？	12月25日

2015年	
别了，2014，感谢你和我们一起创造了“奇迹”	1月1日
公司福利很好了，还需要买商业保险吗？	1月9日
40岁了，该如何购置保障呢？	1月23日
卖掉房子，买辆房车，一家边打工边游，这样规划合适吗？	1月29日
为什么代理人介绍的都是分红险？无从选择	2月12日
老公家人特别讨厌保险怎么办？	3月12日
前几年孕傻，分红险买了一大堆保障却不够，好痛心！	4月1日
银行保险退还是不退，纠结中……	4月11日
年收入5万—40万元的家庭应该如何理财，一次性告诉你！	4月25日
为什么我说这样的金融产品不能买？	5月4日
月入1万的家庭，如何理财？	5月7日
买了不该买的产品咋办？教你一个必须了解的经济学术语	5月15日
本金安全，12%的收益率，这样产品该不该买？	5月23日

六一给孩子最好的礼物竟然是……让孩子一生受益	5 月 28 日
八一八范爷的“豪门”之路，揭秘冰冰投资理财之道	5 月 29 日
为什么买了 18 份保单，保障还不够？	6 月 7 日
互联网泡沫下的高考志愿，给热门专业泼泼冷水	6 月 9 日
三四十岁就过上潇洒的退休生活，你知道 TA 们是怎么做到的吗？	6 月 11 日
节后有感｜现在的父亲，但凡有点羞耻心，都不敢不累……	6 月 23 日
热点｜银行存贷比即将取消，行长们晚上可以睡个好觉了	6 月 25 日
理财的第一个敌人：你所不了解的通胀与你心中的恐惧	7 月 13 日
人民币贬值预期增强，如何增持美元资产，你的选择有这些……	7 月 17 日
年收入 60 万的家庭，无房有车一女儿，如果进行资产配置呢？	7 月 17 日
理财的第三个敌人：人生的不确定性与你心中的侥幸	7 月 21 日
到大城市打拼的白领，如何才能拥有一片稳定的天地？	7 月 24 日
我的同龄人，千万别“未老先衰”封闭学习之路	7 月 29 日
究竟要不要在孩子面前“装穷”，几个 90 后告诉我她们的真实感受	8 月 8 日
一听就懂：人民币贬值对普通人的影响	8 月 18 日
学位房贵得压死人？换个角度海阔天空	8 月 26 日
排长龙就是好产品？手把手教你分析一份保单	8 月 28 日
如何建构家庭保障规划 17 问	9 月 1 日
早生还是晚生孩子压力小？原来美国人也愁这件事啊	9 月 5 日
也谈全职妈妈｜你的世界大了，陪伴才有价值	9 月 25 日
不改变决策逻辑，下一个骗局等着你，剖析平安 60 亿兑付风波	10 月 13 日
纵火惨案发生后，中产们才发现，所有的救助保障机制都失效了	10 月 16 日
从投资到理财：理财自媒体大咖的顿悟	11 月 3 日
对话大巴（上）：从月光族到理财大咖	11 月 16 日
对话大巴（中）：告诉你节流和升职加薪的秘诀	11 月 23 日
你说理财让人钻到钱眼里？我说财商高的人感情越纯粹	11 月 25 日
冤！为何“女性之友”无法成为“家庭之友”？	12 月 1 日
关于养老金，你可能不知道的事！打败你的不是没有理财意识，而是决策逻辑错误	12 月 8 日

“中国巴菲特”失联，美国巴菲特裸捐	12 月 12 日
人钱两难！独生游子未来尽孝将面临的囧境，你准备好了吗?	12 月 13 日
《货币战争》作者陷入“战争”，为骗子站台，你笃信的经济学家真那么靠谱?	12 月 15 日
美联储加息不是啥大事，“狼”真的来了就“然并卵”了	12 月 17 日
为何国人眼中扎克伯格充满大爱，王思聪们就铜臭满身?	12 月 18 日

2016 年	
经济凛冬将至? 这些“非主流”边缘行业不仅不会被冻死，反而活得更滋润	1 月 2 日
打破美国中产阶级幻想，他们的苦逼无奈，你可能看不见	1 月 14 日
A 股犯“2”，今年会重现 2015 血泪史吗?	1 月 15 日
如果我想让孩子学引力波，可他想去跳拉丁，咋办?	2 月 2 日
走！“去日本抢马桶盖”背后的经济学分析	2 月 4 日
奔 4 青年的惑与不惑	2 月 7 日
入职首年就给你一辆宾利的公司，是好公司吗?	2 月 25 日
房价还有大把上涨空间? 细思恐极，别忘了，去年股灾前，他们也是这么说的	3 月 2 日
若有天阿法狗们帮你理财了，你关注的仍只是输赢吗?	3 月 18 日
去香港买分红险不合规? 别慌！不过分红险本来就不该买	3 月 24 日
“家庭月光族”如何实现理财的从 0 到 1 ?	4 月 26 日
有钱就不需要理财吗? 没钱就无法理财吗?	4 月 26 日
生娃回到解放前，养娃花钱无上限? 一定会这样吗?	4 月 27 日
大陆高性价比保险“横空出世”? 聊聊互联网时代大陆保险的“逆袭”	4 月 29 日
买保险有返还，划算吗?	5 月 2 日
想自己 DIY 资产配置? 按照这几步来就 OK 了！	5 月 9 日
家庭保障规划最完整的路线图 1.0 版 (看完你会省下很多钱)	5 月 12 日
为什么理财只谈保险也是失败的	5 月 13 日
全世界流行的懒人理财法，把你从苦逼的盯盘收风中解放出来	5 月 16 日

作为父母，我不想留下这样的遗憾	5月18日
创业5年，为什么这些钱我统统都不赚?	5月24日
万能险真是“万能”的吗?	5月27日
计划赶不上变化，还要理财规划做什么呢?	6月24日
教育金动辄几百万，现在准备“然并卵”?	7月1日
年轻人靠“理财致富”真的是个坑?	7月7日
家有“股神”怎么办?	7月8日
女性想要真独立，想在家中更加如鱼得水？四点干货奉上	7月13日
为什么早存养老金是给孩子最好的礼物?	7月15日
不信这个邪！一味满足你的需求就是“真爱”?	7月21日
家庭第一张保单应该买给谁?	7月22日
奔走相告！“防骗砖家”也掉坑了！	7月27日
互联网时代，收割客户是真理，教育客户就是炮灰吗?	7月29日
感悟中年危机：想为远方放手一搏，却怕连苟且都输光	8月3日
一出校门就要准备养老金?	8月5日
人人都想要的“理财能力速成大法”	8月11日
别等到身边人深陷疾病，才忽然想起家庭保障	8月12日
理财小白应该如何学习理财?	8月19日
细数那些年，保险让我们掉过的坑	8月24日
数学不好，还能学会理财吗?	8月26日
为何你的理财之路迟迟未能开启，原因很简单	9月1日
重疾险中对重疾定义如此“苛刻”，是坑吗?	9月2日
保额抵御不了通胀，买保险还有意义吗?	9月3日
“真实得可怕”：从《小别离》透视中产阶级的中年危机	9月9日
保险的拒赔率真的很高吗?	9月23日
房价一天疯过一天，我却偏要和唯一的房子“断舍离”	9月29日
保险的免责条款是坑吗?	11月4日
社保真的够养老吗?	11月4日
40岁退休有可能吗?	11月4日

“以房养老”靠谱吗？	11月4日
养老金只能存银行吗？	11月11日
如果你不想理财失败人生失败，请一定要远离这个词	11月23日
3分钟解秘发达国家的养老金计划	11月25日
儿童财商丨儿子怂恿爸爸贷款买跑车，高管老爸3个问题让他哑口无言……	12月8日

2017年	
为什么我说这样的金融产品不能买	1月1日
为什么我说这样的产品不能买丨深度解构“分红险”销售套路	1月5日
去不去香港买保险？这个问题其实并不复杂	1月11日
分红险销售套路　孙老师“演”给你看	1月13日
掌握这3个原则，恭喜你已练成买保险“不掉坑”神功	1月18日
你去香港买保险的所有信息都要报告国家？这可能是解读最详细的一篇干货了	1月25日
有娃后，大人为啥要加保？	2月1日
如何才能让爸爸妈妈少掉“坑”？最该转给爸爸妈妈的理财文章	2月15日
为什么老谈通胀不谈通缩呢？	2月17日
规模小的保险公司，靠谱吗？	2月17日
深圳热帖背后的中产阶级迷思	2月22日
重疾险，要不要纠结重疾种类呢？	2月24日
父母年纪渐长身体变差，健康财务储备怎么做？三种方案量力而行丨老人理财问题之二	3月1日
“前脚去往北上广，后脚骗子就上门”，如何帮老人避开无处不在的理财大坑？	3月1日
坚持健身两个月后，我悟出了这个道理……	3月3日
能和孩子谈“性”风生，是对父母的最高要求	3月8日
老人有点闲钱　放哪里既能生财又安全？丨老人理财问题之三	3月15日
卖房记：错过了年后这一波房价疯涨潮但我却一点也不后悔	3月22日

老人想打理好养老金？切记这三大原则	3月24日
年轻人要不要买房？该不该买二套房？纠结的其实是同一个问题	3月31日
带花园别墅仅200万？这个岛国多数国人都没听过，管理全球数万亿资产，却遍地牛羊……	4月5日
老有人说黄金有行情，你要不要跟？	4月8日
中国保险业“头号推销员”落马　保险沦为圈钱工具该不该由他埋单？	4月12日
卖房送独生女留学　女儿远嫁父母“养女防老”梦碎｜我该不该如此爱你	4月19日
不太懂投资的人，反而更适合管家里的钱？	4月21日
为什么说跟风心理是理财的大敌？	4月21日
《人民的名义》，和“钱”有仇	4月26日
啥是主动投资和被动投资？为啥普通家庭更适合被动投资？	4月28日
强迫孩子圆自己的梦　这个狼爸却获许多中国人点赞｜教育这个痛点永远让我有话	5月1日
80%的金融从业者，真的要被人工智能颠覆了？	5月3日
只看收益却忽略波动性？你的理财可能会毫无意义	5月5日
为啥你想理财却老下不了决心行动？真是你有拖延症？	5月12日
未解之谜：高小琴设的2亿信托抚养基金，没你想像的这么简单	5月17日
还要不要送娃出国尝尝“美国甜空气”？从财务决策角度谈谈留学问题	5月25日
一看基金分类就头晕，到底有多少种分法？	5月26日
他们的快乐，和城里的孩子不一样	6月1日
QDII基金老是停售，它是好产品吗？	6月2日
比黄金更能保值增值的资产，是什么？	6月3日
从创业明星项目到“庞氏骗局”，中间可能只隔着一个“汽车梦”｜我的“高考作文”	6月7日
网上买基金，靠谱吗？	6月9日
未来在家教育网上教育很省钱？到时候哭得最厉害的就是你	6月15日
历史业绩表现好，就是好基金？这样选基金的多半都掉坑了	6月16日
“孩子快乐就好”？这碗毒鸡汤千万别干	6月21日

理财，学到什么时候是个头？	6月23日
数学思维到底该咋建立？学而思的奥数班究竟有没有用？	6月29日
这座城镇职员都是小孩！为培养孩子的企业家精神，芬兰人操碎了心	6月29日
考上名校就人生飞跃了？没做好这件事，中年危机会来得更汹涌｜教育迷思	7月5日
基金定投也要低买高卖？	7月7日
成长中家庭买保险最易掉的坑："双十原则""一张保单解决所有问题"	7月13日
一张保单搞定各种保障？"黑科技"深度评测热销保险产品	7月14日
市场低点，有闲钱是定投还是一笔砸进基金？	7月21日
《我的前半生》：千万别被罗子君骗了，能剪断你翅膀的只有你自己	7月26日
想在一线城市买房又买不起？对这个问题，孩子比大人更有招	7月27日
我想买啥基金就买啥基金，为啥非要做风险测评？	7月28日
探秘代理人的前世今生	8月3日
隔段时间就火一把的"国债逆回购"真的"收益高风险低"吗？	8月12日
如果全球经济都持续下行了，理财还管用吗？	8月18日
智能投顾是风口上的猪？权威报告解读：回归理性	8月22日
晒晒我家两娃的教育金规划方案	8月23日
买了一年期医疗健康险，住院理赔后会被保险公司拒绝续保吗？	8月25日
短期医疗险的争论，牵出保险的几个重要概念	8月31日
为啥在国内爷爷不能给孙子买保险？	9月1日
牢记这18条，妈妈再也不用担心购买少儿险时蒙圈了	9月2日
我的俄罗斯之旅差点被小偷毁掉，幸好我做了这件事	9月7日
黑科技评测三款热销少儿险，结果……	9月16日
指数基金战胜指数，是好事吗？	9月22日
老公要为创业掏空家底，咋办？	9月28日
事业上升期，做好这件事才能安心冲刺	9月28日
长期在外地工作，想回老家就医，到底在哪投保好呢？	9月29日
为啥你找不到性价比高的保险？	10月2日
常说的庞氏骗局、非法传销到底是怎么回事？	10月13日

什么是保障充足？有没有一劳永逸的保障方案？	10月18日
不买800W学位房去旅行，真的是一股教育清流？	10月26日
到底存不存在无风险的收益？	10月27日
保额买够了，保障就足够了吗？	12月1日
保额抵御不了通胀，买保险还有意义吗？	12月1日
也谈程序员跳楼｜可怕的是把自己的生命开除了，剩下破碎家庭怎么办？	12月2日
美国减税也会影响中国人的钱包？到底怎么回事？	12月6日
保险也能定制了，这真的让人欢呼雀跃吗？	12月8日
烧钱烧红了眼的共享单车，给我们上了一堂生动的经济学课	12月13日
不赚钱的保险产品，是好产品吗？	12月15日
零售金融产品的定制时代来了吗？	12月23日
收入不断增长却还是不够花，明年不想再这样活就得这么做	12月27日

2018年	
谈香港保险①｜定价优势不再　香港保险还有什么吸引？	1月1日
干货帖：如何购买重疾险？	1月4日
借贷也有科学方式？哪些钱借不得？	1月12日
回顾1｜我的俄罗斯之旅差点被小偷毁掉	1月18日
回顾2｜俄罗斯旅行倒大霉峰回路转，我又想改变世界了……	1月18日
保险豁免条款是咋回事？不符合条件咋办？教你一招	1月20日
再谈香港保险②｜如果必须购买香港保险　你必须知道的几件事	1月24日
按揭的房子增值了，要不要再买一套？	2月2日
毒鸡汤：爱TA，就给TA买保险	2月4日
10块钱就能加入的网络大病互助平台，真能让你高枕无忧？	2月7日
保障齐全就高枕无忧了？想过家庭支柱万一不幸得了重疾，谁来还房贷吗？	2月10日
如何给孩子终身受益的金钱教育？	3月1日
为啥准妈妈投保这么难？	3月1日
天降横财真是一件好事吗？	3月2日

泼个冷水：哭着喊着要家庭合并报税，你准备好了吗?	3月7日
被打脸了，还是要冒死谈谈教育“减负”	3月16日
手里有笔二三十万的小钱，是买房还是买车?	3月17日
我应不应该贷款先花“未来钱”?	3月24日
中美贸易战开打，跌惨了? 别方，下跌背后可能是今年最好的加仓机会!	3月28日
买房后，我是不是应该给自己加保?	3月30日
哈佛麻省华裔学霸在美锒铛入狱，中国股民却应拍手叫好	4月6日
老人高血压也能买保险? 不过需要大家来做这件事	4月11日
话说，你真的会算收益率吗?	4月13日
全职妈妈看过来：以后谁再说你没有价值，你就把……甩给 ta	4月18日
从院士买不起房跳槽的谣言说开去，如何让孩子未来不像我们一样焦虑?	4月25日
年化收益率怎么算都对不上，我被忽悠了吗?	4月27日
全职太太比丈夫更适合理财吗?	4月27日
存教育金的五大昏招，99% 的家长都躺枪过	4月28日
“单身狗”需要理财吗?	5月4日
“世界上最幸福的国家”是怎么炼成的?	5月9日
区块链那么火，到底是祸还是福?	5月11日
中英砖家都呼吁要帮年轻人买房，这是馅饼还是紧箍咒?	5月16日
课外班太烧钱，当下未来咋平衡?	5月18日
这个病 90% 的孩子都会得，我们一起来改变它!	5月24日
买税延养老险，退休金就能大幅提升吗?	5月25日
我用理财大数据证明，信 Ayawawa 教的女性很难过上幸福生活	5月31日
理财产品不保本了! 咋办?	6月1日
报志愿这事没整明白，就算考第一也可能还是过不好这一生	6月6日
总说“我是个女的，干不了这事”的人，你不被骗谁被骗?	6月7日
不好意思，我去年就押中了高考作 (shu) 文 (xue) 题!	6月8日
如何养育一个不“贫穷”的孩子，这个秘诀你一定要知道	6月15日
把钱都砸在孩子身上，这种做法对吗?	6月15日
假如孩子都去读金融，这个世界会变得很糟……	6月27日

社会医疗险保障充足了，还有必要买商业医疗险吗？	6 月 29 日
全职太太算不算家庭支柱？	7 月 2 日
博导挥刀，高管坠楼，普通中年人如何佛系过一生？	7 月 4 日
得了甲状腺结节就不能买重疾险了吗？	7 月 6 日
《我不是药神》最“冷酷”影评：格列治进了医保，“穷病”恐怕还是治不了	7 月 12 日
基金和银行系理财产品有什么区别？	7 月 14 日
养儿半辈子，下半辈子谁养我？	7 月 18 日
买了“掉坑”的保险，我该怎么办？	7 月 27 日
孩子的零花钱该怎么给？	8 月 1 日
“感谢贫穷”的北大女孩，请远离空洞的口号	8 月 2 日
跟孩子过早谈钱，会让 TA“金钱至上”吗？	8 月 3 日
如何避免 99% 的理赔纠纷？投保前先问自己 3 个问题	8 月 8 日
老公不同意你理财？可能真的是你的错	8 月 16 日
孩子从不向你要钱，是好事吗？	8 月 17 日
房租暴涨，到底该怪谁？你们都搞错了对象	8 月 22 日
孩子一拿到钱就花光了，怎么办？	8 月 24 日
这事一旦发生现有保险都没用，99% 都是悲剧，上有老下有小必读	8 月 30 日
孩子做家务，该不该给钱？	8 月 31 日
今天忙着啃老，30 年后忙着被啃，难道这是 80 后无法逃脱的宿命？	9 月 2 日
怕娃浪费大额零花钱，父母可以拿去理财吗？	9 月 7 日
“纳税”问题频上热搜，我们都要补上这一课	9 月 13 日
汇率变化跟我们吃瓜群众有啥关系？	9 月 14 日
养老目标基金值得购买吗？	9 月 21 日
数学思维如何建立？和 7 岁娃聊聊哥德巴赫猜想，你也来试一试？	9 月 27 日
基金定投要考虑止盈止损吗？	9 月 29 日
孩子天天抱着手机 iPad 打游戏咋办？说说我的“三不”原则	10 月 11 日
入不敷出了，还要不要买保险？	10 月 19 日
早点教孩子炒股好不好？	10 月 22 日

个税抵扣，喜大乐奔的好政策，千万别让大家跑断腿啊 ~	10 月 25 日
重疾险太贵，可以用防癌险替代吗？	10 月 26 日
不花一分钱，就能有 30 万元的保障？这个千万量级的爆款保险是不是创新？	11 月 1 日
我能跟着投资专家学理财吗？	11 月 1 日
收入有限，先顾教育金还是养老金？	11 月 2 日
在 A 股市场定投了一支基金，算理财吗？	11 月 3 日
吴亦凡涉嫌刷榜事件后，我和孩子展开了一场关于规则的讨论……	11 月 15 日
两三年内的理财小目标咋规划？	11 月 16 日
趁年轻先潇洒几年，再存钱可以吗？	11 月 23 日
这个千万量级的爆款保险“黄了”，要退出还是继续？	11 月 28 日
新派家长都推崇的国际化教育，其实藏着一个盲区……	11 月 29 日
带你识破少儿险“走心”广告词套路：听听就好别当真	12 月 6 日
定投基金给孩子存钱上学，万一被套了咋办？	12 月 7 日
告诉你一个恐怖预言：“佛系”青年越多，经济越易衰落	12 月 13 日
互联网保险理赔难吗？	12 月 14 日
身兼天才型学者和成功投资人双重身份，你的孩子	12 月 21 日
重疾险太贵，先考虑保额还是保障期限？	12 月 21 日
别用这个词给 ofo 共享单车脸上贴金了！	12 月 27 日

2019 年	
香港富豪去世留下巨额保单，保险真能避债避税吗？	1 月 3 日
退休待遇不错，还需要存养老金吗？	1 月 4 日
奋斗未必会当韭菜，不奋斗必然沦为“佛系”杂草	1 月 10 日
押金拿不回来了，咋办？	1 月 11 日
给这款现象级网红保险产品泼个冷水	1 月 17 日
为什么买理财产品还有门槛？	1 月 18 日
我买的基金清盘了，钱还能拿回来吗？	1 月 25 日
是谁逼“死”我们的孩子？一部打破收视纪录韩剧的启示	1 月 31 日

家里老人总被骗钱，咋办?	2月1日
信用卡分期消费是优惠还是套路?	2月15日
解决养老焦虑的利器，这是目前最可行的方案，没有之一	2月21日
为啥重疾险保费对中年人这么不友好?	2月22日
“超纲”学习，一点不可怕! 从中国奥数选手“全军覆没”谈起	3月1日
看完这部高分电影，我儿子的反应居然是这样的	3月14日
为啥重疾险不保原位癌?	3月15日
跟着苏大强学理财，你能少踩很多坑	3月21日
有了百万医疗险，还要买重疾险吗?	3月22日
百万医疗险和重疾险的区别，看完就不要再争论了	3月28日
还房贷选等额本金还是等额本息?	4月4日
手里有笔闲钱，该不该提前还房贷?	4月4日
团贷网之死，高利贷团灭简史丨明荐	4月11日
想理财必须要过苦日子吗?	4月12日
养老金还有16年耗尽? 别慌! 美国社保18年后可能也耗尽	4月19日
买保险缴费期越短越好吗?	4月20日
独生子女做好这些准备，大可不必“不敢穷不敢病”	4月25日
理财一定要坚持长期记账吗?	4月26日
有房有车的中产家庭支柱，得重病众筹惹了谁?	5月9日
借钱买基金可行吗?	5月10日
如何让中国家庭不焦虑? 我始终觉得，这才是正道	5月16日
可以找熟人买保险吗?	5月17日
当网红既能“躺尸”又能赚快钱? 孩子，醒醒!	5月23日
演讲分享丨再资深的理财师也不可能与数据随时链接，但人工智能可以	5月25日
未来养老产品会更好，干嘛不迟点买?	5月25日
想实现“水果自由”，先了解点经济学常识	5月30日
中年人创业应该注意什么?	6月6日
人生第一个一百万，决定了财富高度?	6月6日
“进不了好学校，等于被美洲豹吃掉”，世界不一样，焦虑一样	6月14日

被裁员了，房贷还不了咋办？	6月15日
“长大后你想成为什么？”这是一个狡猾的问题	6月20日
想搞副业多赚点钱，咋办？	6月21日
保证收益超 8% 的理财产品都是骗人的？	6月28日
理财“踩雷”，都是因为你忘记了这两个最简单的原则	7月4日
为啥多数人炒股不赚钱？	7月5日
别让“2035 年养老金耗尽”的标题党吓坏你	7月11日
三十岁的单身狗要多少存款才有安全感？	7月12日
为啥便宜的医疗险都不保证续保？	7月19日
我这个“油腻中年”眼中的“油腻”	7月25日
为啥不能随便把医保卡借给别人使用？	7月26日
学位房成鸡肋，分数也没用了……教育通胀把家长逼成孩子的 CEO	7月28日
如何给老年人配置保险？	8月2日
重疾险赔付次数越多越好吗？	8月9日
一次关于“奥数”的高端辩论引发的思考：真正缺的是这样的数学教育	8月10日
“毒舌”经济学家郎咸平，为何不再痛“骂”保险？	8月16日
科创板大跌大涨，普通人能投资吗？	8月16日
比《小欢喜》里宋倩更可怕的，其实是这种父母	8月22日
如何避开可能会爆雷的理财平台？	8月23日
有人声称帮你维权“全额退保”？小心你变成诈骗从犯	8月29日
7000 万英雄的悲剧：把美国建成超级强国，如今却老无所养丨明荐	9月5日
为啥普通人买保险总是感觉无从下手？	9月6日
年金险被疯抢，聊聊寿险利率那点事儿	9月13日
重疾险有身故保障，还需要买寿险吗？	9月16日
钱该如何省出来？这部纪录片告诉你	9月20日
意外险有身故赔付，还有必要买寿险吗？	9月21日
为啥总感觉收入被平均了？	9月27日
亲历巴黎恐袭：恐怖分子砍警察时，我刚刚经过门口没多久	10月10日
重疾险不再“保死不保病”？	10月11日

最近收智商税的骗子有点多，量子力学也被拉下水	10 月 17 日
要不要提前 20 年给孩子买套房？	10 月 18 日
现在买的重疾险未来保额不够用咋办？	10 月 25 日
提前退休会增加痴呆风险？全球都在给“延迟退休”洗地？	10 月 31 日
重疾险不出险，保费岂不白交了？	11 月 1 日
“余额宝们”收益降了，有啥替代产品？	11 月 8 日
毁人不倦的双十一和“精致穷”陷阱	11 月 14 日
百万医疗险“保证续保”终于有了盼头，下月执行健康险新规	11 月 22 日
钱放银行绝对靠谱吗？	11 月 23 日
非正常死亡爆发的灰色一周	11 月 28 日
为什么孩子寿险保额不能买太高？	11 月 29 日
保额百万 49 元一年无缝衔接医保，这款“惠民保”这么神？	12 月 5 日
现在的早教，未来的留学，先顾哪头？	12 月 6 日
听了这个悲剧后，我做了一个影响我后半生幸福感的决策	12 月 12 日
创业还是生二胎，优先选哪个？	12 月 13 日
科普一下，听说过“经济衰退抑郁症”吗？	12 月 19 日
带娃做家务还要 AA 家用，这么吃亏怎么办？	12 月 20 日
共同买房，女性要注意什么问题？	12 月 27 日

2020 年	
并不是学会了“尊重”“自由”“规则”这些词，你就成为了完美的父母	1 月 9 日
婚后买房，不加名字真没事吗？	1 月 3 日
为啥旅行必须自己买份旅游险？	1 月 10 日
高考政策巨变，高考的独木桥更窄了？	1 月 16 日
年终奖怎么花更合理？	1 月 17 日
疫情“黑天鹅”后，你必须反思的 N 个理财原则	2 月 13 日
收入下降，短期如何过冬？	2 月 14 日
“后新冠时期”个人资产“钱不值钱”？这三条线的走势务必了解	2 月 15 日

为什么线下口罩升价，互联网产品却免费？	2月18日
百万医疗险产品，细思极恐的服务BUG	2月20日
预定利率3.5%的年金险还值得买吗?	2月21日
那些急着复工的“资本家”们	2月27日
报复性消费会让疫后经济快速恢复吗?	2月28日
这么想的人肯定会被割韭菜	3月5日
手里有几百万却不买房，是不是有“病”？	3月6日
不想上网课? 不，你想!	3月12日
房子越来越不值钱，买房养老还靠谱吗?	3月13日
基金定投，日定投or月定投?	3月14日
美股都熔断4次了，这一波究竟是不是金融危机or经济危机?	3月19日
疫期四五十天，你的时间如何度过?	3月20日
这个世界太凶险! 26万人犯了罪却都不承认!	3月26日
熔断是导致股市大跌的原因吗?	3月27日
重疾险定义“大修”：未剔除甲状腺癌或有降价空间	4月2日
房贷该选固定利率还是LPR利率?	4月3日
我们要不要再丧下去，理财该积极or保守?	4月9日
月薪过万，为啥还感觉自己混得差?	4月10日
神话破灭? 余额宝收益率破2，是时候说出真相了	4月16日
投保时被要求体检怎么办?	4月17日
教育不止烧钱不休? 是时候调整鸡娃策略了	4月23日
这类低门槛产品，普通人绝对不能碰!	4月24日
深圳楼价又领涨全国，中小企业却哭死了	4月30日
报复性存钱就是多存点钱吗? 孙老师送你一份科学存钱攻略	5月9日
被顶尖数学系录取，她却说自己不是早慧数学天才?	5月11日
初二才爱上数学的女孩，为何能考上全球顶尖数学系	5月14日
养老金16连涨，别高兴太早!	5月15日
养儿不为防老为“公益”? 人类祖先早就这么干了	5月21日
投资能让你变成有钱人吗?	5月22日

家庭幸不幸福全靠妈妈？没有这“三个权利”都是鸡汤	5月28日
复利的威力大于原子弹？！为啥我没感觉？	5月29日
记住这个金字塔，你会逃过倾家荡产的劫难	5月30日
摆摊何须抢五菱？速来！我帮你们在网上支了个摊儿	6月4日
保险可以陪你慢慢变老吗？看孙老师如何拆解鸡汤	6月5日
美股又作妖：昨日纳指创新高，今日黑色星期四	6月11日
海南大开发，要不要去投资房子？	6月12日
缪可馨悲剧有感：孩子总会遭遇“恶”意，如何让TA明白“人生不值得”	6月18日
活久见！为啥银行理财也亏本？	6月19日
年度最匪夷所思的骗局诞生！你看出破绽了吗……	7月2日
现在是买重疾险的好时机吗？	7月3日
你们都在追乘风破浪的姐姐？我却在“追”这个72岁奶奶	7月9日
高考报啥志愿不后悔？千万别扎堆学金融	7月10日
孩子一言不合就乱发脾气，原因其实是……聊完我羞愧难当	7月16日
为了鸡娃上清华，花百万补课值吗？	7月17日
教育到底该喝鸡汤还是打鸡血？或者勾兑？做父母太难了	7月24日
9家金融机构被雷霆接管，谁最慌？	7月25日
患上这种病，整个家庭都会被拖垮，我们能早点做些什么？	7月30日
身体不健康了如何投保？不是我老生常谈，是真相太残酷	7月31日
全网群嘲的“高考满分作文”，我想点个赞	8月6日
社保不够用，商业医疗保险又不能保证终身续保，怎么办？	8月7日
中年危机？外贸公司小股东失业当网约车司机，却让我看到了中年人的韧劲儿	8月13日
不爱存钱爱买基金，理财能力就进阶了？	8月14日
伪造录取通知书都选清华，是时候反思教育中的“唯清北论”了	8月20日
久病床前无孝子，老人长期护理问题怎么办？	8月21日
贷款利率这么低，借钱投资可行吗？	8月28日
保证终身续保的医疗险，已经在路上了……	9月3日
财富自由对普通人真的遥不可及吗？	9月4日

困住外卖骑手的，除了系统，还有消费者的执念	9月10日
创业是解决中年危机的良药吗？	9月11日
经济学家总预测失灵，要来何用？	9月18日
你为什么一定要被支付宝坑，才能学会理财	9月24日
单身的人养老真的更难吗？	9月25日
花掉的钱，才真是我的钱？	10月9日
没想到这个“庞氏骗局”，让理财专业人士也栽了	10月15日
男人太关注时政容易变穷光蛋？	10月16日
没有这3种思维，买多少理财产品都过不好这一生	10月22日
为啥高学历的人也老被割韭菜？	10月23日
双11前马云这番话引发争议：金融创新是“为了”年轻人，还是割年轻人韭菜？	10月29日
为什么很多男人到了中年突然爱上炒股？	10月30日
“内卷”裹挟的爱，孩子未来会幸福吗？	11月5日
儿子关于“天堂与地狱”的作文，在朋友圈引发大讨论	11月5日
越有钱越不开心，到底哪做错了？	11月6日
年轻人压力大，机会少，啃老有理？	11月13日
请转告你的家人，别再盲目“迷信”银行系产品	11月19日
35岁失业+延迟退休，敢问活路在何方？	11月20日
这件事没做对，可能会摧毁八成人的老年生活	11月26日
手机APP动不动就让我借钱，“全民借贷”来了？	11月27日
复利的造富神话，有没有那么玄？	12月3日
明荐｜复利的谎言	12月3日
小时候父母总喊穷，现在花钱有负罪感咋办？	12月4日
有了“富人思维”就能变富？	12月11日
老说经济下行要过苦日子，为啥我不觉得？	12月18日
央行多印钱，穷人最吃亏？	12月24日
小地方出身，坚持留在大城市还是回老家？	12月25日

2021 年	
2021，我准备做这几件事，跟你们有关的是……	1 月 7 日
如何成为“不油腻”的前辈？	1 月 9 日
孙老师你一直不买房，是要立牌坊吗？	1 月 14 日
想买理财产品又搞不懂咋办？记住这最简单的 4 个字。	1 月 15 日
当年那些没理财的人，现在都怎样了？	1 月 22 日
这个关于新冠疫苗的选择，让你明白你和马斯克到底差多远？	1 月 28 日
年终奖就那么一丢丢，花掉还是存起来？	1 月 29 日
“追”明星基金经理的基金，就能躺赚了吗？	2 月 5 日
错过事业上升期的二宝妈妈，这一年如何再次成长丨粉丝故事	2 月 19 日
啥都涨，马上要暴富，我都不好意思拦着你	2 月 25 日
基金定投两年没赚啥钱，我的坚持有意义吗？	2 月 26 日
达叔的青春启示录：让“多么痛的领悟”少一点	3 月 4 日
长期持有基金，就稳赚不赔了？	3 月 5 日
闺蜜团凑几百万建楼养老，你老了敢这么浪漫过？	3 月 11 日
野生基金“大神”遍地，想割别人韭菜？小心自己成韭菜	3 月 12 日
女儿生日礼物背后，藏着避开教育“内卷”的启示	3 月 18 日
明明有社保，为啥还要自己存养老金？	3 月 19 日
全世界都在学琴，但我劝你的孩子轻易不要学音乐	3 月 25 日
不靠孩子，去养老机构养老靠谱吗？	3 月 26 日
全球印钱放水，真的能让老百姓变有钱吗？	4 月 2 日
彩礼贷、墓地贷……金融创新还是花式割韭菜？	4 月 3 日
隐藏的陷阱，原来都是自己挖的坑	4 月 8 日
攒够 100 万就退休，是不是“想得太美”？	4 月 9 日
三年后，90 后全都财务自由了？	4 月 15 日
放水太猛，该不该赶快把钱投出去？	4 月 16 日
房价又飚了？养老金 17 连涨？有件事你必须清醒	4 月 23 日
总忍不住追涨杀跌，咋办？	4 月 24 日
赵丽颖这婚，离出了样板间的感觉	4 月 30 日
百万医疗险大停售，你的保单何去何从？	5 月 1 日

老说养老金不够发，为啥每年都在涨？	5月9日
叹息！原本TA们有机会拉住成都49中的男孩	5月13日
普通人都应该向这位投资大师学习	5月14日
别让你的焦虑伤害孩子，这一招最管用	5月21日
这个产品赔了5年钱，股东大哭，为何我还要坚持？	5月27日
比投资骗局更诛心的隐形陷阱，是这句话	5月28日
立志当“土猪”“拱城市的白菜”的孩子，你可能想错了……	6月3日
无论你是否打算生三孩，这几个问题都得提上日程	6月4日
复旦砍人事件有感，人生有多种可能，放过自己，别选绝路	6月10日
我居然“押中”了两个高考作文题，难道这届高考开始讲理财教育了？	6月11日
遭遇广州新冠疫情的我，劝大家务必去做这件事	6月18日
手里基金一个赚一个赔，先卖哪个？	6月19日
花3万咨询填报高考志愿，到底值不值？	6月24日
95后“海王”买上千只基金，真的分散风险了吗？	6月25日
搞投资真的又高大上又赚钱？呵呵	7月2日
买学区房变成买“盲盒”，你还买吗？	7月8日
好企业都赴美上市了，我感觉错过了1个亿？	7月9日
未来教育，还有这条远远被低估的出路，想明白你就不焦虑了	7月15日
央行全面降准，房价又要“打鸡血”了？	7月16日
河南千年一遇的暴雨“浇醒”了我们	7月22日
国家出狠招劝你省钱了，你还不赶快来做这件事	7月29日

作者注：考虑再三，要不要把所有的原创文章标题放上来。最终决定，还是全部放了。从这一篇篇文章的标题，我看到了自己成长的足迹，也记录了谱蓝成长的足迹，甚至看到了国内理财业不断变化的历史。我曾经抨击过的很多乱象，现在都销声匿迹了，这是时代的进步。

后记 Afterword

理财，最有生活价值的终身学习入口

自从我开始把自己定位成一个理财教育者，就经常有人会问我这么一个问题：理财学习什么时候算学完？

我的回答是，理财学习只有一种情况你算学到头，当你的人生终结时。就是说，理财学习是一种终身学习。

这跟我们所面临的未来发展的一个大趋势有关系，就是人类的寿命有可能大幅地延长。这一点我在第三章养老规划里已经详细讲过。

在你我都可以看得到的不久的未来，人类的平均寿命大幅延长是绝对可以期待的。到了那个时候，如果你的寿命达到 120 岁，而你大学毕业时才 20 岁，工作到 80 岁，还能享受 40 年的退休生活，到你 80 岁的时候回想你 20 岁时学习的知识，是不是相当于你今天回想你爷爷那一代学到的知识？它还会有用吗?

我们的知识必将更新换代。

我现在讲的很多理财观，相对于几年前，已经有了天翻地覆的变化。

举个例子，2014 年，当时内地的保险产品性价比不行，香港保险十分流行。可是，到了 2017 年，随着互联网的发展，内地保险已经有了飞跃的进步。

我刚写公众号的时候，分红险横行，天天都要跟保险代理人骂架，现在呢，已经没人去关心分红险了，分红险也淡出了市场，教育金险保不了教育金，这种话题，我根本不用再提了。

前几年流行的 P2P、信托产品、保险互助平台等，一一退出历史舞台；连余额宝也风光不再。

这种例子数不胜数。就是因为知识的更新速度太快，我一直在不断地更新自己的观念，从细节的更新到整个理论体系的修整，甚至重新建构，这个过程从来不敢停。

现在，我并不知道未来金融行业会在哪些方面有革命性的变化，但是比特币的发展应该是值得期待的。虽然比特币目前并不是主流货币，但它所投射出来的科技改变财富格局的逻辑，值得细细琢磨。

传统货币是一个国家主权的象征，每个国家有自己的独立发钞权，有自己的财政纪律。不同财政纪律的国家，有可能导致国民不同的命运。比如说，德国财政纪律严谨，次贷危机对它的影响就不大，希腊财政纪律松散，结果就破产了。

如果国际社会发行大一统货币会如何？比如欧元，算是一种局部的实验，现在看来效果不是那么好。可是如果不是政客的决定，而是科技的改变，让大家在无国界的互联网中，都相信了一种统一的电子货币，又倒逼整个金融市场，不认它也没有办法。到那时候，我们所谈的理财，是不是会有一个翻天覆地的变化呢？这个事情可以去观察和期待。或许在我们有生之年，这个世界的物质生产已经极大丰富，世界不需要钱了，我们只需要用自己的劳动或者用自己的时间，就可以通过交换获得物质，我们为什么还要再用货币去交换呢？如果是这样，所有理财的逻辑，是不是都要调整了呢？

当人类寿命充分延长的时候，这些技术带来的变化，很有可能把你我关于理财的一些基本逻辑认知全部打破，我们必须保持终身学习。否则，你沿用过时的理论理财，可能会一无所有。

要学习，更要坐言起行。

因为我们要终身学习，是不是就必须永远处于学习状态，而不去进行理财的实践？答案恰恰相反。越是要加强学习的人，越要坐言而起行。

举一个不太恰当的例子。假定到 2029 年，人类寿命真的能够实现延长了，请问如果你现在不马上去锻炼身体，你能保证活到 2029 年吗？再进一步说，以现在人群中普遍存在的这种亚健康的状态，如果你不马上去行动，去健身，去锻炼，你能保证你会健康地活到 2029 年吗？如果生命时间长度延长了，生命质量却下降了，这是你想要的吗？如果你现在不维持身体健康，将来的长寿可能跟你没有一点关系。所以不管 2029 年是不是技术进步到寿命能延长，都应该马上起身去健身，对吗？理财也是一样。

如果现在你不通过理财实践去维持财务健康，很有可能将来所有因为科技的进步所带来的各种理财变化，跟你人生的幸福也完全没有关系。终身学习和马上实践，两者是和谐统一的。我们既要保持终身学习的心态和能力，去追踪这个世界上最新的变化，同时，我们也应该马上行动起来，依照当下最先进的观念，无论是健身、健康还是理财，马上坐言起行。终身学习，绝不仅仅限于理财。未来，包括我们对孩子的教育、艺术、文学熏陶等等，都会随着人的寿命延长有翻天覆地的变化。可是我发现，许多朋友往往没办法下决心，去把自己变成一个终身学习者。我建议，你们不如从理财学习开始，把它当成一个全方位终身学习的切入口。

一方面因为理财跟我们的生活息息相关，就算是今天你不想学，总有一天你会因为某个契机开始学习。

另外一方面，理财学习牵扯到的知识面非常广，唯独不包括“k”线图，这就会逼着你去学相关的知识。从这个角度，理财的终身学习是开启你终身学习大门的钥匙。无论是哪一个领域的学习和行动，都适合刚才我们所说的理论——终身学习，不断地关注变化，同时坐言起行。

送给朋友们一句2000年前孔子老先生说的话：

学而不思则罔，思而不学则殆。

最后，借此机会，感谢从2013年开始，一直默默支持我的粉丝朋友。还要感谢公众号的历任编辑，小玉、小白、文通、鸿岸、小猪、志鹏，鞭策我不断产出新的内容。

孙明展

2021年7月31日